A PERSONA ARTÍSTICA
E O MERCADO DE
ATUAÇÃO NO BRASIL

Ciça Castello

A PERSONA ARTÍSTICA E O MERCADO DE ATUAÇÃO NO BRASIL

A visão de uma
diretora de elenco

autêntica

Copyright © 2024 Ciça Castello
Copyright desta edição © 2024 Autêntica Editora

Todos os direitos reservados pela Autêntica Editora Ltda. Nenhuma parte desta publicação poderá ser reproduzida, seja por meios mecânicos, eletrônicos, seja via cópia xerográfica, sem a autorização prévia da Editora.

EDITORAS RESPONSÁVEIS
Rejane Dias
Samira Vilela

PREPARAÇÃO DE TEXTO
Samira Vilela

REVISÃO
Julia Sousa

CAPA
Diogo Droschi

DIAGRAMAÇÃO
Guilherme Fagundes

**Dados Internacionais de Catalogação na Publicação (CIP)
(Câmara Brasileira do Livro, SP, Brasil)**

Castello, Ciça
   A persona artística e o mercado de atuação no Brasil : a visão de uma diretora de elenco / Ciça Castello. -- Belo Horizonte : Autêntica Editora, 2024.

   ISBN 978-65-5928-469-6

   1. Artes cênicas 2. Artes cênicas como profissão 3. Cinema 4. Depoimentos 5. Mercado de trabalho 6. Produção audiovisual 7. Televisão I. Título.

24-222983   CDD-792.023

Índices para catálogo sistemático:

1. Artes cênicas como profissão 792.023

Eliane de Freitas Leite - Bibliotecária - CRB 8/8415

Belo Horizonte
Rua Carlos Turner, 420
Silveira . 31140-520
Belo Horizonte . MG
Tel.: (55 31) 3465 4500

São Paulo
Av. Paulista, 2.073 . Conjunto Nacional
Horsa I . Salas 104-106 . Bela Vista
01311-940 . São Paulo . SP
Tel.: (55 11) 3034 4468

www.grupoautentica.com.br
SAC: atendimentoleitor@grupoautentica.com.br

A Antonio e Antonia Grassi, meus amores.

*Aos atores, atrizes, diretores e diretoras
com os quais cruzei até aqui,
e a todas as pessoas que assessorei,
que me inspiraram a escrever este livro.*

25	Como cheguei até aqui
27	**O começo de tudo**
33	A entrada no audiovisual
34	A ideia da direção de elenco
39	A direção de elenco na televisão
41	Da televisão ao agenciamento
49	A direção de elenco no cinema
57	**Um panorama do mercado audiovisual**
59	De 1990 a 2010
64	O mercado hoje
75	**Conhecendo os diferentes tipos de mercado**
87	O mercado do humor
98	O mercado infantojuvenil
102	O mercado regional
113	O mercado digital
118	O mercado do *streaming*
122	O mercado musical
123	**O trabalho com os artistas**
125	Atendimento e assessoria
133	Agenciamento

141	Afinal, como entrar no mercado?
147	A construção do portfólio
150	Métodos de atuação e preparação de elenco
157	A hora dos testes
163	Conselhos e dicas para o dia a dia da carreira
165	Entendendo sua persona artística
166	Formação
167	Material
169	Testes
170	*Self-tape*
170	Trabalho prático
173	Agradecimentos
174	Referências

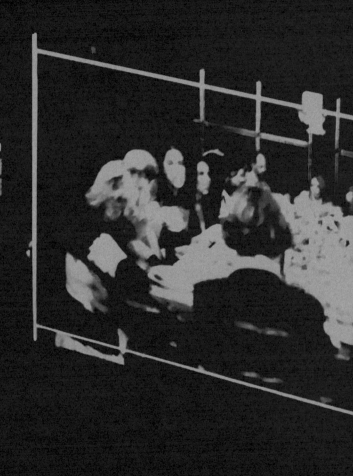

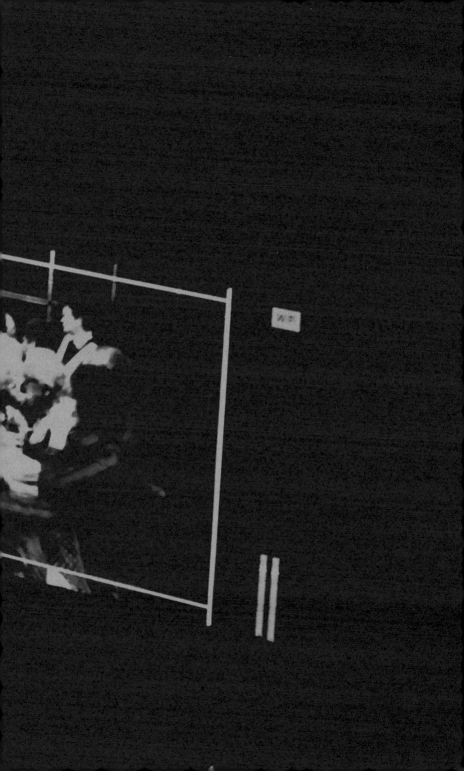

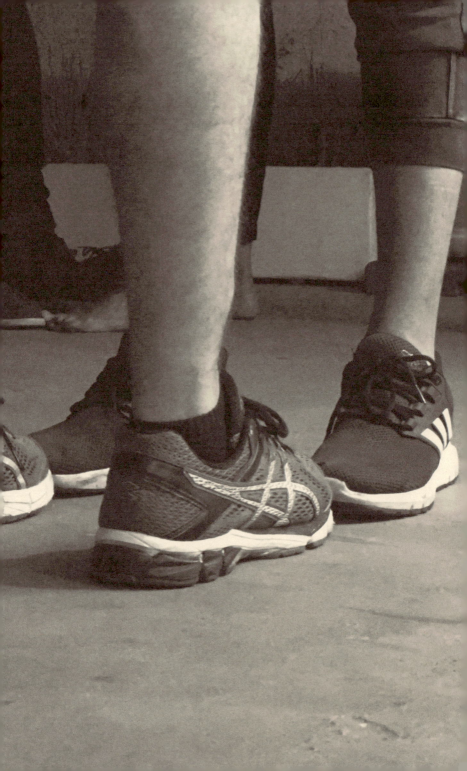

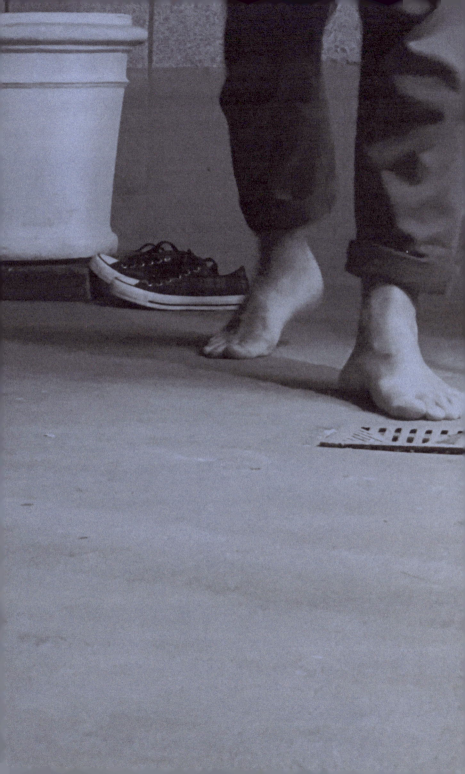

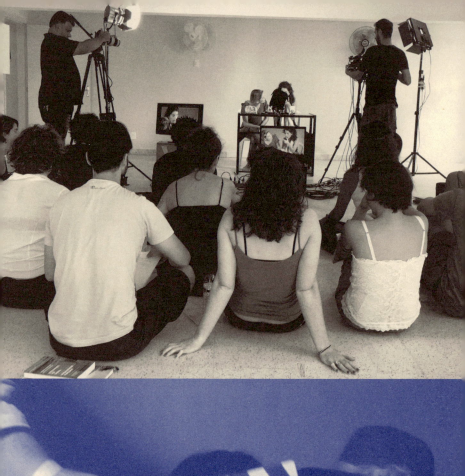

Como cheguei até aqui

Quando comecei a escrever este livro, minha ideia era contar um pouco da minha trajetória profissional a fim de inspirar artistas que desejam adentrar o mercado audiovisual e cênico. Para isso, comecei a conversar com atores, atrizes, produtores, produtoras, diretores e diretoras de todo o Brasil, referências na área, para exemplificar algumas considerações que acredito serem fundamentais. Ao ouvir os depoimentos, no entanto, me dei conta de que tocavam em assuntos ao mesmo tempo tão particulares e tão comuns aos profissionais de cênicas e audiovisual, que se encaixavam tão perfeitamente com pensamentos meus, que precisava desenvolvê-los ainda mais.

As experiências de profissionais com bagagem são verdadeiras aulas práticas sobre o mercado. Ao longo deste livro, você encontrará depoimentos de artistas e profissionais atuantes no mercado que fazem parte não só da minha história, mas da história do teatro e do audiovisual no Brasil. Mais do que estas linhas, eles ilustram a construção e o desenvolvimento de um mercado em constante mudança e expansão.

Ao final destas páginas, também há conselhos e dicas práticas que considero indispensáveis para o dia a dia da carreira. Espero que as histórias contadas aqui e as experiências desses profissionais inspirem você a criar seus próprios caminhos, a trilhar sua carreira de forma original e a valorizar sua persona artística.

O começo de tudo

Eu tinha 14 anos quando comecei minha formação como atriz, em 1986. Foi o ator Felipe Martins quem me apresentou ao teatro. Eu estudava no Colégio Teresiano, no Rio de Janeiro, e ele foi até lá divulgar a peça em que estava trabalhando. Achei o Felipe fascinante: ele falava do ofício com amor e tinha um brilho especial no olhar! Abria-se, assim, um novo mundo para mim.

Antes desse encontro, meu contato com o teatro era por meio de textos teatrais na escola e do projeto do Grupo TAPA, que nos levava ao teatro para assistir aos grandes clássicos. Foi nessa época que descobri um curso de teatro no Teatro Maria Clara Machado (Planetário do Rio). Chamei algumas amigas e começamos a ter aulas com Roney Villela e Roberto Bomtempo. Foi minha verdadeira introdução ao teatro. Com esse grupo, fizemos nossa primeira peça, no Teatro Galeria, no bairro do Flamengo: uma adaptação do musical *Grease: nos tempos da brilhantina*. Foi um sucesso! O que seriam apenas quatro dias de apresentações se estendeu por quatro meses. A partir daí, assumi a produção teatral, mas segui estudando interpretação e tendo aulas com grandes referências da área, como Sérgio Britto, Rubens Corrêa e Felipe Pinheiro.

Em 1990, entrei para O Tablado e fui dirigida pelos grandes mestres Carlos Wilson (Damião), Toninho

Lopes, Maria Clara Machado e Bernardo Jablonski. Foi lá que encontrei minha turma e conheci muitas pessoas que são minhas parceiras até hoje, como Selton Mello, Danton Mello, Ana Kutner, Michel Bercovitch e Heloísa Périssé. Fui companheira de palco de todos eles e vi muita gente nova aparecer também. Assistia às peças com as atrizes que estavam se destacando na época, como Cláudia Abreu, Malu Mader e Drica Moraes, minhas verdadeiras inspirações.

Em certo momento, me vi naquela hora da virada, quando precisamos deixar a vida de estudante e nos tornarmos profissionais. Logo entendi que, para ter identidade de atriz, precisaria trabalhar na Rede Globo, e como eu acreditava não estar dentro dos padrões da emissora, resolvi deixar essa carreira de lado. Mas acho que isso era só uma desculpa para assumir o que eu realmente queria fazer: trabalhar com produção. Afinal, já nessa época, eu mantinha um pé no palco e outro nos bastidores.

Por mais que gostasse de atuar, de estar no palco, eu entendia que não tinha vocação para isso. Mais do que talento, a vocação é fundamental para que a gente desenvolva uma carreira de sucesso. Sempre fui muito organizada, metódica, objetiva, e, mesmo sendo artística, minha tendência sempre foi a de racionalizar as coisas – o que, obviamente, funciona mais para a produção do que para a atuação.

Paralelamente à definição do meu caminho como produtora, resolvi pensar no plano B. Afinal, sempre há aquela pressão de "e se não der certo?". Como se não corrêssemos o risco de nos frustrarmos em qualquer profissão, mas, na área das artes, a pressão parece sempre maior. Foi aí que descobri que gostava de desenhar, então comecei a fazer aulas de desenho técnico e entrei para o curso de Desenho Industrial na faculdade.

Em 1993, aos 22 anos, consegui meu primeiro emprego em um escritório de agenciamento. Foi a minha entrada no meio em que eu desejava estar. Pela primeira vez, ganhei dinheiro com minhas escolhas profissionais, e meu trabalho ainda me proporcionou conhecer muito do Brasil: eu viajava toda semana com atores e atrizes para eventos em lugares diferentes. Era um mercado em alta na época, e todos os artistas desejavam participar de eventos e comerciais publicitários, pois era uma maneira de ganhar um extra do trabalho na televisão.

O ator com quem mais viajei nesse período foi o Leonardo Vieira, que tinha acabado de estrear na novela *Renascer*. Ele fez seis capítulos e virou um sucesso estrondoso. Nessa época, as novelas paravam o país. O mercado audiovisual ainda era bastante restrito, e apenas a Globo tinha uma boa frequência de produção de novelas, mesmo assim bem distante de seu poder de produção atual.

Leonardo se tornou assunto nacional, e ao lado dele presenciei cenas de fanatismo explícito. Encaramos um shopping lotado com 3 mil meninas esperando para uma tarde de autógrafos com o Léo, o que nos obrigou a ir embora de camburão para que ele não fosse abduzido pelas fãs. Também participamos de eventos sociais, com o Léo atuando como mestre de cerimônia, em bailes de debutantes, entre outros. Fomos de norte a sul, do Acre a Foz do Iguaçu, nossa vida era na estrada! Fazíamos uma visita dinâmica aos lugares, claro, pois ficávamos muito pouco, mas deu para experimentar a diversidade cultural do Brasil.

Depois de um tempo no escritório de agenciamento, entendi que queria seguir outro caminho: produzir teatro. Sempre tive o costume de reavaliar minha trajetória, de buscar entender se o que estou fazendo está ou não de acordo com o que desejo no momento. Foi assim que, em 1995, entrei para a Casa da Gávea, um centro cultural que tinha como sócios Paulo Betti, José Wilker, Antonio Grassi, Cristina Pereira, Eliane Giardini, Rafael Ponzi, Vera Fajardo, Guilherme Abrahão e Márcia Dias. Lá, tive acesso ao pensar amplo sobre produção e artes: era uma instituição com pensamento múltiplo não só pela diversidade das cabeças dos sócios, mas também pela diversidade de atuação.

A Casa da Gávea produzia palestras, encontros, leituras, espetáculos e cursos dos mais diferentes segmentos. Aprendi com grandes mestres e encontrei muita gente que estava despontando na época, que hoje está aí no mercado, fazendo seu trabalho e sendo referência para as novas gerações. Entre essas produções, destaco dois projetos que me ajudaram muito no início da minha carreira como diretora de elenco.*

O primeiro foram as leituras dramatizadas com diversos autores de teatro, de atuais a clássicos, que aconteciam semanalmente, sempre com um diretor e um elenco novo. Uma diversidade de olhares e estilos enorme.

O segundo, que me trouxe uma experiência de vida incrível e muito conhecimento profissional, foi o Rio Pra Não Chorar, do Paulo Betti. Tratava-se do encontro entre

---

* Utilizo em todo o livro o termo "diretor(a) de elenco", que é a nomenclatura atual para o cargo. No entanto, quando comecei, a função era conhecida como "produtor(a) de elenco".

grandes e novos humoristas, numa época em que os novos humoristas eram artistas como Lúcio Mauro Filho, Leandro Hassum e Marcius Melhem. A Casa da Gávea também recebeu lendas do humor como Chico Anysio, Zé Vasconcellos, Jorge Loredo e Marina Miranda. Esse projeto me marcou muito pela convivência e pelas conversas com todas essas feras, que tinham muitas histórias para contar. Cheguei a presenciar, por exemplo, o primeiro encontro no palco entre Lúcio Mauro e Lúcio Mauro Filho. Foi muito emocionante!

Assim, logo eu estava na estrada novamente, administrando turnês de espetáculos montados pela Casa da Gávea. O primeiro foi *Querida mamãe*, com Eliane Giardini e Eva Wilma; o segundo foi *O inimigo do povo*, com Paulo Betti, Antonio Grassi, Maria Ribeiro, Rafael Ponzi, Hélio Ary, Ricardo Alegre e Giuseppe Oristanio. Somando os trabalhos, dei duas voltas quase completas pelo Brasil.

Posso dizer que a Casa da Gávea foi onde formei minha identidade artística, com um olhar múltiplo, ampliado, além de aprender a execução prática de produção. Lá, fui estimulada e provocada a pensar, a criar e a solucionar.

A entrada no audiovisual

Em 1999, Paulo Betti resolveu produzir um filme sobre a história de João de Camargo, líder espiritual que vivia em Sorocaba, cidade natal do Paulo. Comecei a desenvolver com ele o projeto do filme *Cafundó*, que inscrevi nas leis de fomento ao cinema, e logo entendi que estava me colocando em um novo mercado.

O cinema tinha muitas características e particularidades diferentes do teatro. Para entender como as coisas funcionavam na teoria (até então, não existia curso superior de Cinema), busquei cursos técnicos de produção, e, para aprender produção cinematográfica na prática, consegui uma vaga de assistente de produção executiva no filme *Mauá*, de Sérgio Rezende.

Mauá é um filme de época, ambientado no século XIX, com muitos detalhes desse momento da história do Brasil. Somos apresentados ao Barão de Mauá, interpretado por Paulo Betti, que foi quem fez a ponte para eu conseguir o trabalho de assistente de produção. A essa altura, eu estava envolvida na produção como um todo: era a responsável pelo seguro das carruagens originais, acompanhava a conceituação de figurino, cenário e fotografia e, como não havia um diretor de elenco, ajudava também a pensar em alguns atores para escalarmos. Naquele tempo, era raro contar com diretores de elenco no cinema; os filmes eram muito artesanais e autorais, e geralmente era o próprio diretor, juntamente com seus assistentes, que pensava no universo de atores que conhecia. A quantidade de filmes produzidos também era bem menor do que hoje, então aceitei o desafio e encarei essa novidade profissional como uma oportunidade de ampliar minha atuação no mercado. Nasceu aí meu interesse pelo audiovisual, uma experiência muito nova e distante da maioria das pessoas que faziam arte e produziam conteúdo na década de 1990.

A ideia da direção de elenco

Uma das coisas que mais me estimulou a escolher este ramo foi a oportunidade de atuar em muitas áreas diferentes: eu circulava pelo mercado teatral, cinematográfico, musical, de eventos, enfim, uma variedade de possibilidades. Desde cedo, entendi que gostava de me colocar à prova e de estar sempre aprendendo algo novo. Na maioria das vezes, o aprendizado partia de uma experiência prática: eu buscava uma base teórica, mas o entendimento acontecia quando colocava a mão na massa.

Uma das possibilidades de me incluir no mercado audiovisual na época era trabalhando na Rede Globo – naquele momento, praticamente a única produtora de ficção no país. Por ironia do destino, a garota que não se encaixava para trabalhar como atriz na Globo agora queria ser produtora lá mesmo.

Quando comentei com uma amiga, diretora de arte da Globo, sobre meu interesse em trabalhar com produção para a televisão, ela quase enfartou. Me desaconselhou completamente: "É um trabalho muito cansativo". Segundo ela, a área dava pouco retorno financeiro e exigia muitas horas de dedicação por dia. Eu quase não teria vida, folgaria apenas uma vez por semana, e se tem uma coisa de que sempre gostei foi do meu final de semana livre. Então, essa minha amiga sugeriu a direção de elenco, função da qual eu nunca tinha ouvido falar. Levada pelo meu interesse em sempre conhecer um novo mercado, me identifiquei na hora e entendi que era capacitada para o trabalho, pois tinha formação em teatro e conhecia a cena do momento, de atores novos a veteranos. Foi aí que *inventei* de ser diretora de elenco.

O diretor de elenco é responsável por indicar atores para viverem os personagens de uma história – pode ser um filme, série, peça ou novela –, desde os protagonistas até os que têm poucas falas.

    Sempre que recebo um projeto novo, meu processo particular envolve ler a história e, mesmo que eu já tenha tido algumas ideias, conversar com o diretor, o produtor e até com o roteirista antes de sugerir nomes. Definir o estilo da obra ajuda a nortear a escolha do elenco. Afinal, um mesmo roteiro, dependendo da visão do diretor, pode gerar resultados completamente diferentes. A escalação em cada linguagem é diferente, distinta, pois os personagens podem ter pesos e importâncias diferentes em cada abordagem.

    Por exemplo: o destaque de uma participação em uma cena de novela, na qual podemos ter cinquenta participações por capítulo, é muito diferente do destaque em uma cena de filme, tanto em importância dramatúrgica quanto em visibilidade. Muito raramente uma cena de filme ou minissérie não terá função na história; já na novela, muitas cenas existem apenas para indicar a passagem de um personagem fixo da trama. Sendo assim, a escalação de atores para cada um desses gêneros tem suas particularidades.

    No geral, o primeiro passo para a montagem do elenco é pensar na escalação dos protagonistas. Eles nos levam para o caminho em que vamos andar, nos guiam para os personagens periféricos, e assim vamos construindo a história. Cada detalhe importa nessa etapa, desde a idade dos atores até o tom da interpretação. É importante que o diretor de elenco tenha conhecimento sobre os profissionais que está escalando para se certificar de que eles se encaixarão bem naquele universo.

A escalação de elenco sempre foi, para mim, um processo criativo, delicado e demorado. Por isso minha preferência em trabalhar com filmes ou séries, que me dão tempo de amadurecer a escalação. Preciso acreditar no meu trabalho; caso contrário, quando chegar ao diretor, é claro que ele não vai comprar a ideia.

Durante a escalação, não costumo me prender ao perfil físico; o que me interessa é o perfil psicológico do personagem. Só me atenho à aparência se for algo relevante para contar a história, como no caso de personagens que sofrem preconceito racial, *bullying*, que são inspirados em pessoas reais, entre outras particularidades. Meus elencos podem ter, para um mesmo personagem, indicações de pessoas de etnias diferentes, corpos diferentes, idades diferentes, sotaques diferentes. Gosto sempre de buscar a diversidade, o surpreendente.

Um exemplo: durante a escalação do filme *Intervenção*, de Caio Cobra, precisávamos de duas atrizes para interpretar as protagonistas, que são irmãs. Queríamos muito que uma delas fosse a Bianca Comparato, que é branca, e então começamos a pensar em quem faria a outra irmã. Vinham muito nomes e nenhum me agradava. Até que pensei na Dandara Mariana, que é negra. Defendi a ideia de que as duas irmãs podiam ter a cor da pele diferente, primeiro porque não tínhamos a referência dos pais, e segundo porque acredito que essa característica representa bem muitas famílias brasileiras, que são miscigenadas. O mesmo aconteceu no filme *Uma pitada de sorte*, de Pedro Antônio, que tem como protagonista a Fabiana Karla. Quando li o roteiro, achei o personagem do irmão a cara do JP Rufino, que é negro, e ele o interpretou brilhantemente.

Uma coisa que gosto de fazer, e que me ajuda muito, é escalar cerca de 30% ou 40% de pessoas que não conheço para os testes de personagem. Hoje, com as *self-tapes*, me permito ousar um pouco mais para não cair na tentação de ir pelo caminho mais fácil e escolher quem está mais à mão. A tecnologia permitiu que democratizássemos os testes, e, embora muitos artistas questionem o uso da *self-tape* – algo compreensível, pois realmente há algumas limitações –, acredito que tenha suas vantagens: a ferramenta dá mais liberdade ao profissional para mostrar seu olhar na cena, além de permitir que ele se inscreva para testes em qualquer lugar do Brasil.

Acontece também, principalmente na televisão, de os roteiristas sugerirem escalações, até porque muitas vezes eles já escrevem pensando em uma pessoa específica. Muitos só conseguem escrever, inclusive, quando já sabem quem fará o personagem. Com base nessas indicações, então, escalamos os personagens periféricos. Tudo precisa se conectar; se um ator ou atriz não se encaixarem no papel, certamente haverá ruídos.

Está nas mãos do diretor de elenco pensar vinte e quatro horas por dia em atores e atrizes. Assistir ao máximo de espetáculos, filmes e séries, de todos os lugares do país, para estar o mais atualizado possível. Acompanhar sempre o que está acontecendo nos festivais de cinema e teatro e tentar ao máximo frequentá-los, pois assim é possível ter um bom panorama do que está sendo produzido nacionalmente e conhecer quem está se destacando nos mercados locais.

A oficialização do trabalho do diretor de elenco trouxe uma diversidade de olhares e escalações para as obras. A função é relativamente nova: há vinte anos, éramos poucos, mas hoje já não existe uma produção que seja realizada sem o profissional de elenco. A profissão cresceu muito nos últimos tempos, acompanhando o aumento de obras produzidas e de canais que as produzem.

A direção de elenco na televisão

Após ser apresentada à direção de elenco, eu descobri a quem precisava me dirigir para tentar um trabalho na Globo e pedi a um amigo que agendasse um encontro com essa pessoa. "O resto, pode deixar comigo", falei. Eu só precisava de uma oportunidade.

Pensando na função que iria pleitear, incluí no currículo toda a minha experiência com esse universo: o trabalho com agenciamento de atores, com produção teatral e com administração de turnês. Dei um destaque especial à minha vivência na Casa da Gávea, onde havia sido a responsável por escalar atores para leituras dramatizadas. Não inventei nada, é claro, mas organizei todas as informações com foco na direção de elenco.

Até que, enfim, consegui a reunião que queria: lá fui eu me encontrar com o Rogério Oliveira, a quem até hoje chamo de padrinho, pois foi ele o primeiro a acreditar em mim. O Rogério é dessas pessoas que cruzam a nossa vida e abrem as portas certas. Junto do currículo, carreguei minha cara de pau. Afinal, eu nunca tinha formado um elenco na vida, pelo menos não oficialmente, mas tinha certeza de que havia nascido para isso, ainda que não soubesse o que me esperava.

Pouco tempo depois da entrevista, o Rogério ligou e me convidou para fazer o elenco do especial de final de ano da Globo, o clássico evento com o Roberto Carlos. Seria meu primeiro elenco da vida, e na Rede Globo! O volume de trabalho era grande: precisávamos escalar duzentos e cinquenta atores para recriar uma plateia da Jovem Guarda e mais cem crianças para um outro quadro. Minhas referências d'O Tablado e a experiência que tinha como produtora de teatro ajudaram muito nessa etapa, pois consegui recrutar vários jovens atores talentosos. A qualidade do trabalho que apresentei, mesmo com a pouca experiência na função, rendeu muitos elogios da equipe. Ao final, a experiência acabou se tornando um belo cartão de visitas.

Este primeiro trabalho foi realizado dentro de um dos módulos de produção do Projac (hoje, Estúdios Globo), juntamente com a equipe de um programa superinovador da época, *Mulher*, com as atrizes Eva Wilma e Patrícia Pillar, direção geral de José Alvarenga Jr. e núcleo de Daniel Filho. A minissérie, que estava de férias quando cheguei à emissora, era cinema dentro da televisão, filmada apenas com uma câmera (em estúdios de novela, usam-se pelo menos três). O plano de gravação era elaborado como um plano de filmagem: naquele tempo, a Globo tinha o próprio sistema de roteirização, mas, nas gravações de *Mulher*, era utilizado um sistema do mercado, o mesmo aplicado nas produções cinematográficas. Tudo muito diferente do que se fazia na televisão e, por outro lado, muito parecido com a minha experiência no filme *Mauá*.

Após o fim do projeto, passei o mês inteiro desejando continuar com aquela equipe, mesmo achando que era muita areia para o meu caminhãozinho... Imagine só se um programa que era a menina dos olhos da empresa aceitaria uma diretora de elenco novata. Mas eu realmente acreditava nesse caminho e tinha tanta certeza do rumo que eu queria dar à minha carreira naquele momento que pedi demissão da Casa da Gávea. Segundo meus cálculos, poderia viver sem trabalhar por cinco meses, no máximo! Eu acreditava, e ainda acredito, que temos que apontar a flecha para onde queremos ir e não deixar que outros caminhos atravessem nosso desejo. Em certos momentos, temos de abrir espaço para novas oportunidades, arriscar, dar um salto grande e sem rede de proteção. Ter clareza do propósito é essencial nessa hora. Não digo que é fácil: durante esse período, assisti ao meu dinheiro acabar, mas segui acreditando que conquistaria o trabalho que tanto desejava.

E acredite, bem naquele último mês de grana, recebi uma ligação. Era a Ana Barroso, gerente de produção do programa *Mulher*, me convidando para ser sua diretora de elenco. Uma grande sorte? Bem, eu acredito que foi resultado de um enorme desejo. E um trabalho inicial bem apresentado e realizado.

Da televisão ao agenciamento

Era início de 1999. Eu estava viajando quando recebi o convite da Ana Barroso e precisei adiantar minha volta. Do aeroporto, fui direto para o Projac acertar os detalhes da minha contratação.

Conseguir o emprego foi relativamente fácil; o trabalho duro começou ali, no dia a dia, quando precisei provar do que era capaz em cada gesto. Não é fácil chegar a um ambiente desconhecido e passar a fazer parte dele. De cara, sofri resistência de vários colegas, inclusive de quem viria a ser minha chefe depois, a gerente de direção de elenco Ana Margarida. Muitos me olhavam desconfiados, é claro, já que nunca tinham ouvido falar da diretora de elenco Ciça Castello. Havia muitos obstáculos a serem vencidos e muito gelo a ser quebrado.

Fiquei um ano no *Mulher*, e a cada semana ia ao ar um episódio novo, com um elenco e um diretor diferentes (além do José Alvarenga, havia quatro diretores que se revezavam por episódio). Eu amava o desafio. Ali, vi que realmente tinha nascido para aquilo.

Depois de *Mulher*, passei um ano dirigindo elenco para o programa *Brava Gente*. O núcleo, ou seja, o responsável artístico do projeto era o diretor Roberto Farias, mas cada episódio contava com diretores, roteiristas e atores diferentes, e cada história tinha uma pegada: de época ou atual, comédia ou drama, entre outras. Essa diversidade me levou a entender as sutilezas e diferenças na escalação para cada gênero e estilo. Aprendi a "ter escuta", a escalar para olhares e diretores diferentes. Depois, montei o elenco principal da novela *Porto dos Milagres*, do diretor Marcos Paulo, e cobri o diretor de elenco Léo Gama na novela *Esperança*, do diretor Luiz Fernando Carvalho.

Em 2002, após três anos na Globo, já tendo mostrado meu profissionalismo e desempenho no cargo de diretora de elenco, eu ainda enfrentava alguns percalços, principalmente em relação à valorização financeira. Sempre aceitei os salários propostos acreditando que, ao mostrar meu potencial, ganharia espaço e seria reconhecida financeiramente. Mas, depois de algumas tentativas para mudar minha relação contratual, vi que a única maneira de alcançar o reconhecimento que eu almejava era alçando novos voos. Então, pedi demissão da Rede Globo. Para alguns, parecia loucura. Para mim, foi um passo necessário.

Ainda naquele ano, voltei a produzir teatro e a agenciar. Era um passo para trás que, pouco tempo depois, se revelou um passo muito maior para a frente. Comecei a trabalhar na Expresso, um escritório de agenciamento com um novo conceito de acompanhamento de carreira para atores, roteiristas e diretores. Ainda hoje, acredito que seja uma estratégia arrojada, pois o serviço abarcava um gerenciamento global: trabalhávamos a imagem de cada agenciado, buscando entender como ela influenciava seus planos de carreira, escolhíamos para quem eles dariam entrevistas, que figurinos usariam, que assuntos abordariam etc. Era um trabalho minuciosamente pensado que vi dar certo na prática, auxiliando no sucesso de muitos desses talentos.

Mariana Ximenes, atriz e produtora

Desde os 6 anos, eu queria ser atriz, e não tinha ninguém da minha família nesse meio. Fui batalhando e encontrei um lugar por meio de testes de publicidade em São Paulo, até que pintou um teste de filme, e eu passei. Depois, um teste para uma novela do SBT, e eu passei. Depois, aos 17 anos, para uma novela da Globo. Entrei em uma faculdade, mas acabei não cursando porque emendava um trabalho no outro, no Rio de Janeiro. Isso angustiava meus pais, que sempre priorizaram muito os meus estudos. Meu pai, advogado e leitor voraz, temia que o mundo artístico me "engolisse". Botei na cabeça que ia mostrar consistência no meu trabalho, sempre fui muito preocupada com isso. Pensava que devia ser cuidadosa nas minhas entrevistas, nas minhas ações, em relação às pessoas com quem me envolvia na vida pessoal. Me preocupava em ter conteúdo.

Desde cedo, meu pai me mostrava filmes e livros clássicos para que eu tivesse bagagem. Minha mãe não me deixava faltar às aulas de jeito nenhum. Ela dizia: "Minha filha, o conhecimento é libertador, é uma proteção", e esses pensamentos permeavam meus passos.

Quando eu tinha 19 anos, o Marcos Palmeira me apresentou ao Pedrinho Buarque, que tinha uma proposta de um novo tipo de agenciamento no Brasil: um grupo que ajudaria no planejamento da carreira como um todo e que produziria projetos com o próprio time. Achei genial! Como ninguém da minha família era artista, ficava um pouco mais restrita a interlocução, a troca. É difícil pegar um roteiro e saber se é bom, analisar se vale a pena fazer, mapear o tipo de personagem que vai interpretar para não ser rotulada, avaliar se tal equipe é bacana...

Na Expresso, eu comecei a entender que é necessário gerenciar a carreira como um todo: o artista é composto por suas escolhas no teatro, na televisão, no cinema, na publicidade, nas entrevistas....

É muito importante, além de saber escolher um papel, saber como se colocar, ter opiniões aliadas ao seu modo de se expressar, pensar no que você precisa focar em uma entrevista, no que te falta como artista. É claro que deve ser algo genuíno, que existe dentro de você. Não adianta criar uma persona *fake*, porque ela não se sustenta com o tempo.

A Expresso era um coletivo que enxergava suas potencialidades e as colocava para fora, as direcionava, as burilava. Eu adorava conversar com o grupo para entender como me enxergavam artisticamente, no passado e no presente, para planejar meu futuro. Todos eram arrojados, cultos, entendiam da "engrenagem" daquele meio. Eu era muito nova, portanto sem malícia, sem experiência, mas com uma vontade tremenda de ser aceita e olhada como uma atriz de verdade. A troca foi muito rica, e até hoje carrego comigo valores que aprendi com o grupo lá atrás.

Atualmente, isso não existe mais, infelizmente. Existem bons agentes com quem temos boas conversas, mas aquele grupo pensante que atendia poucos clientes, que tinha tempo para cada um, que parava tudo para analisar sua carreira, que fomentava projetos, que criava alicerces entre pessoas daquele jeito exclusivo, acredito não haver mais.

Me lembro da gente [Ciça Castello, Pedro Buarque e Cris Rio Branco] conversando, da Ciça falando sobre mudanças de visual – sempre achei fundamental trocar o cabelo, os trejeitos, as roupas, a voz, o andar para compor um personagem e me diferenciar, de alguma forma, quando fosse dar entrevista como Mariana.

Hoje existem as redes sociais, que por um lado aproximam as pessoas, mas, por outro, podem ser conflitantes. Demorei para ter Instagram, por exemplo. Resistia um pouco por pensar que, como intérprete, eu não deveria me revelar muito para poder dar mais credibilidade aos meus personagens. Matutava: "Se eles já conhecerem tudo de mim, qual será a curiosidade? Tem que ter um mistério".

Com o tempo, entendi o valor das redes sociais: a comunicação se tornou mais direta, dinâmica, você administra o próprio conteúdo e pode direcionar sua voz para onde quiser, para trocar e se conectar com quem quiser. Adoro isso, se tornou quase um vício. Mas confesso que também me tira a concentração. Quando estou gravando, prefiro não ficar grudada no celular. Preciso de foco para mergulhar nas emoções das personagens.

Eu me lembrei agora do filme *O invasor*, por exemplo, quando o Pedrinho falou: "Você precisa se jogar nesse filme porque vai ser um divisor de águas na sua trajetória". Foi o que eu fiz, e realmente foi um marco para mim, um belo aprendizado!

Sobre escolhas... Nossa, como é difícil. Dizer não, dizer sim. Como dizer não. Tem uma história hilária de quando o Gilberto Braga me chamou para fazer uma novela que eu estava louca para fazer, mesmo não sendo a protagonista. Mas a Globo me realocou para protagonizar uma outra novela, que se alongou, e eu teria apenas dois dias para me preparar para a outra. Era uma personagem difícil, eu necessitava de preparação. Então pensei: "Se eu emendar essa próxima novela sem me preparar direitinho, como eu preciso e gosto de fazer, posso me dar mal e jogar minha carreira no lixo". Concluí que era melhor declinar. Quando faço algo, tenho que mergulhar de cabeça, mas cansada do jeito que eu estava, e sem estudar, seria uma cilada.

Decidi, então, com a Expresso me apoiando, não topar. O Gilberto brincou dizendo que ia me matar a facadas, porque sabia que eu tinha paúra de faca. O que eu fiz? Comprei um facão gigante, embrulhei e enviei para ele com uma carta: "Me mata, mas não poderei fazer".

Foi um "não" dito de um jeitinho espirituoso. Fiquei muito triste com isso na época, porque meu sonho era fazer uma novela do Gilberto Braga. Sonho mesmo! Mas eu não estava bem e achei melhor me recolher. No fim, acabei participando dos últimos capítulos. Foi especial, e o Gilberto foi extremamente delicado comigo.

O Pedrinho também falava da importância de ser produtora associada de projetos de cinema, insistia que eu precisava aprender a produzir. Grudei nele para entender como fazer, como agregar pessoas, como ter a visão para escolher os profissionais, porque cada um é bom em uma coisa. A equipe e o elenco já dizem muito do que o projeto vai se tornar lá na frente.

Mais madura, tive a oportunidade de conhecer também o Chico Accioly, que me provocava a começar a produzir teatro. Ele dizia: "Mari, quero tanto que você goste de produzir, porque uma atriz precisa aprender a levantar o próprio projeto". De fato, foi uma das melhores experiências da minha vida. Penei, levei anos para conseguir patrocínio, para aprender a gerenciar os dois papéis, de atriz e produtora. Mas amei empreender, realizar, criar uma independência.

Hoje, pretendo seguir caçando projetos para captar, porque ainda que ir atrás de cada tijolinho da obra seja tarefa árdua, é também das mais prazerosas, além de libertadora. Se um tipo de personagem que você quer ser desafiada a fazer não cai no seu colo, você vai atrás! Você procura histórias, procura pessoas com as quais se identifica e propõe seu trabalho. Nosso ofício não vem com manual de instruções nem tem uma fórmula certa, fechada. Cada novo projeto é uma batalha, dá um frio na barriga danado, porque você não tem a menor garantia se vai ser bom.

Aprendi também que, primeiro, você tem que saber se a história é boa, depois entender quem são as pessoas envolvidas – porque, se a obra não for bem de público, pelo menos você vai ter uma "coxia" gostosa! Com o erro, a gente aprende. Uma carreira não é feita apenas de sucessos.

Na pandemia, tudo ficou ainda mais redimensionado. Me fez refletir muito, ressignificar um bocado de coisa. Inquieta que sou, acabei criando um coletivo com atrizes que gosto e admiro para continuar criando, me exercitando como profissional e cidadã. Porque vejo a arte como uma forma de apreender a realidade, e como artistas, queremos também fazer do nosso trabalho uma ferramenta de reflexão.

Nesse coletivo, escolhemos textos que se relacionam de alguma forma com o momento pelo que estamos passando, gravamos pílulas de forma artesanal e jogamos nas redes. É inevitável que tudo o que acontece no país nos atravesse. Pegamos, então, esse atravessamento e o traduzimos artisticamente.

É uma maneira de se reinventar, de realizar algo e comunicar. A arte nesse momento está tão ludibriada, tão vilipendiada, que encontrei uma maneira de resistir, de existir e de lutar. Temos que seguir com os instintos aguçados, sentindo coração, cérebro e vísceras.

A direção de elenco no cinema

Pedrinho Buarque, um dos sócios da Expresso, também é sócio de uma das maiores produtoras do Brasil, a Conspiração Filmes. Foi ele quem me deu a chave de entrada para o cinema ao me convidar para fazer meu primeiro elenco de longa-metragem.

À época, em 2005, eu já tinha saído da Expresso e montado minha produtora junto com o Diogo Pires Gonçalves, a Rinoceronte, na qual agenciávamos atores e roteiristas e produzíamos conteúdo. Pedrinho me ligou para dizer que iam produzir o primeiro filme do Breno Silveira como diretor, *2 filhos de Francisco*, e achava que eu seria uma boa opção de produtora de elenco para acompanhá-lo. Foi um grande passo na minha carreira, um elenco para o cinema! Mas também foi outro momento de escolha, pois como começaria a dirigir elenco no mercado, entendi que eu teria de abrir mão do agenciamento. É que não acredito que um diretor de elenco possa agenciar ao mesmo tempo que produz, e vice-versa. Há um conflito de interesses quando essas duas funções são exercidas ao mesmo tempo. Então, saí da Rinoceronte para me dedicar exclusivamente à direção de elenco de cinema.

2 filhos de Francisco me permitiu aprofundar meu olhar para as sutilezas de uma escalação e para o mundo da pesquisa, me levando a sair do eixo Rio-São Paulo para buscar talentos regionais. Todo o elenco de participação, apoio e figuração era composto por atores da região de Goiânia, Pirenópolis e Brasília, o que trouxe uma veracidade fundamental para contar essa história. Construímos, juntos, um conceito de elenco que se tornou uma fórmula poderosa. Me apaixonei por esse conceito, que aplico até hoje nas minhas escalações. Um acerto no cinema é um ACERTO, e um erro é um ERRO, em caixa-alta mesmo. Porque tudo no cinema é mais evidente, mais sensível. No fim, o filme foi um sucesso de crítica e público, celebrado também no meio cinematográfico. Meu maior cartão de visitas para a indústria cinematográfica nacional.

Em 2024, completei vinte e cinco anos como diretora de elenco e dezenove anos de experiência no cinema. O cinema foi onde eu me criei, onde criei minha persona artística e minha assinatura como diretora de elenco. Foram muitos filmes, muitas pesquisas e muitos atores descobertos. Tive o privilégio de trabalhar com grandes diretores e fazer parte do movimento de retomada do cinema nacional. *2 filhos de Francisco* fez parte desse movimento, com um público de mais de 5 milhões de espectadores. A retomada trouxe força para o mercado e proporcionou uma grande transformação no estilo das produções, abrindo espaço para filmes de arte, comerciais, biografias, histórias originais, enfim, um mundo a ser realizado. E, de lá pra cá, continuo sempre atrás do novo, do diferente, do fora do lugar.

Breno Silveira, diretor

2 filhos de Francisco foi meu primeiro filme. Eu tinha uma carreira como diretor de fotografia, já tinha visto outros diretores trabalharem, mas estava muito preocupado com a atuação do filme. Muito preocupado! Eu não queria que fosse um filme de fotógrafo: queria que fosse um filme de diretor, principalmente um filme de diretor de atores. Era um passo diferente na minha carreira, e eu estava muito apaixonado por atuação (até hoje eu sou). Queria dar esse passo. Então tomei muito cuidado com o meu primeiro filme, com o que seria essa atuação.

A primeira coisa que eu tinha na cabeça era que não devia ser uma atuação de televisão. Eu queria que fosse uma atuação de cinema, mais contida, com menos diálogos, para que o lugar falasse muito. Já tinha decidido, então, que não queria atores que tivessem um tempo de televisão. A segunda coisa é que eu queria que aqueles personagens "grudassem" no local, que parecesse verdadeira aquela história naquela região. O interior do Brasil, ele é diferente, as pessoas se portam de uma maneira diferente, têm um jeito diferente. E eu fiquei com muito medo de que as pessoas parecessem falsas naquele lugar, que soassem falsas. A terceira coisa é que eu queria, ainda por cima, que os personagens fossem um pouco parecidos com os personagens reais do filme. Então, era um *casting* muito difícil. Um *casting* que eu acho que levou um ano e meio pra gente descobrir ele todo.

As duplas mirins, eu acho que a gente viu mais de cinquenta duplas até chegar ao resultado, que era uma dupla mirim montada por nós e que tinha convivência com esse meio. Era uma dupla que realmente tentava ser um segundo Zezé Di Camargo e Luciano. As duplas todas estavam começando a bombar naquela época, então a pesquisa foi no local. Só que, para os atores mais velhos, a gente tinha que fazer essa mistura, descobrir quem poderia, de certa forma, casar com esse local sem que parecesse falso. Eu lembro que a gente entrevistou muitos atores conhecidos, eu e a Ciça. Vimos muita gente, mas nada batia muito porque era um *casting* que tinha que grudar junto com o *casting* real. Havia meninos que realmente faziam parte de uma dupla de cantores e que tinham que atuar. Havia pessoas vindas de outras regiões que tinham que grudar também.

Foi uma pesquisa incrível. Eu lembro da escolha do Ângelo Antônio; foi aí que eu descobri que ele tinha esse sertão na alma, essa coisa do homem humilde. Ele tem raízes muito profundas no interior de Minas Gerais, mas que se assemelham ao interior de Goiás. As coisas foram se encaixando. A Dira Paes é uma pessoa que veio do Pará, que também tem convivência com esse Brasil profundo, que não é o Brasil das capitais, das cidades. Eu fiquei muito encantado com o tempo deles. Logo na primeira leitura do Ângelo, foi um golaço, e eu falei "É ele!". Com a Dira foi engraçado, porque ela leu uma vez e eu reprovei, mas depois todo mundo falou: "Dá mais uma chance pra ela, deixa ela tentar de novo". Acho que na primeira vez ela leu muito empolgada, ainda muito "cidade", aí na segunda foi econômica, foi forte, foi intensa, e aí ela arrebentou, né?

Com os personagens periféricos, tivemos um trabalho gigantesco para descobrir pessoas que fossem parecidas. O Márcio Kieling, por exemplo, que a Ciça me trouxe, ele estava muito urbano, e me lembro que na primeira semana eu peguei um carro e falei: "Leva ele o mais longe possível da civilização, deixa ele internado com uma família no meio do mato". E foi o que aconteceu [risos]. O Márcio ficou desesperado e a família também [risos]. A gente teve que resgatar ele às pressas antes de dar confusão, mas ele chegou a ficar uma semana e pouco no meio do mato, entendendo como é a vida das pessoas.

Fora tudo isso, há a adaptação dos diálogos, né? Você escreve na cidade, com linguajar urbano, e quando chega no interior você vê que as falas são mais econômicas. Por exemplo, a gente escreveu dois personagens falando "pai isso", "pai aquilo", e aí descobrimos que no interior era senhor: "O senhor me deixa ir?", etc. Então o tratamento é diferente, não tem essa proximidade da cidade.

Toda essa adaptação do roteiro para o linguajar local, para a economia local, tudo para que o conjunto ficasse realista, foi um trabalho gigantesco. Depois, juntamos os atores para viver no local, inclusive na casinha [em Pirenópolis, onde Zezé e Luciano nasceram], por uma semana, como se fossem uma família. Foi um laboratório muito importante. Eles ficaram naquela casinha de barro onde tudo aconteceu, se inteirando de como era a vida naquele lugar, ganhando um pouco o traquejo. Era engraçado porque os meninos que já tinham essa informação, que já eram da região, ensinavam muito pra gente. As pessoas locais foram ajudando a formar esse time. Acho que a coisa mais difícil antes de fazer um filme é você acertar o *casting* e o tom. Não dá para um ator estar histriônico, fazendo um tipo de atuação, enquanto outro está baixo, outro minimalista, outro alto, outro tentando se mostrar muito. Então acho que eu aprendi em *2 filhos* que você realmente precisa encontrar um tom para a atuação e um *casting* que case com aquilo, que case naquele lugar.

Até hoje, quando leio um roteiro, fico imaginando o que um ator tem na própria origem que tem a ver com o personagem. O que na alma do ator tem a ver com o personagem escrito. Eu acho que o Ângelo já tinha muito do Francisco, a Dira já tinha muito da Helena, aqueles garotos eram aquilo mesmo. O Zé Dumont, que pra mim é um gênio do cinema, que arrebenta, é um cara que conhece muito, mas muito de Brasil. Um ator fantástico, um camaleão que dá aula de Brasil e tem uma personalidade e uma formação incríveis, além de ser apaixonado por essa alma brasileira.

Foi importante demais a convivência deles com as pessoas reais, mas tem uma hora também que, depois de fazer o laboratório, você tem que tirar os atores para que eles não se tornem uma paródia da pessoa real. Acho também que cada ator traz de si alguma coisa a mais para o personagem, senão a gente estaria fazendo documentário e não ficção.

Por isso essa importância da alma, da *anima* do ator ter alguma coisa a ver com o personagem, ajuda muito. É uma das principais questões para você acertar no *casting*. Acho que esse casamento faz muito a força do filme. Não foi um *casting* que aconteceu do dia para a noite. A gente passou realmente um ano nessa batalha, foi uma parceria muito legal com a Ciça, com a Esperança Motta, que ajudou também. Tudo no filme é *casting*, essa é a verdade. Acho que o principal é um bom roteiro e essa pesquisa de *casting*.

Eu fico muito agradecido à Ciça por essa parceria, fico muito orgulhoso. Até hoje eu vejo que o filme não envelhece, que ele tem força. Os personagens estão ali, tão bem representados, tão fortes, tão profundos, tão bem-conceituados. É um *casting* que foi um golaço na minha vida.

Um panorama do mercado audiovisual

Eu assisti de dentro a muitas mudanças do mercado audiovisual. E, durante esses anos, fui reencontrando as pessoas que fizeram parte da minha formação artística lá no início. É muito importante fazer parte de uma cena, ninguém faz arte sozinho. Desenvolver relações fortes nos levam muito mais longe, e sempre valorizei muito a minha rede. Foi ela que me trouxe até aqui.

De 1990 a 2010

Na televisão, mudanças significativas aconteceram a partir dos anos 1990. Embora as emissoras SBT, Manchete e Band movimentassem o mercado desde a década de 1980, elas não tinham fôlego para acompanhar a força da Globo, que monopolizava a audiência. Então veio a Record, que a partir de 2004 se destacou com produções de qualidade – como a nova versão da novela *A escrava Isaura*, com roteiro de Tiago Santiago e direção de Herval Rossano –, levando para suas equipes diversos profissionais da área que trabalhavam na Globo. Foi um movimento importante e que criou uma competitividade no mercado, principalmente para os atores, que ganharam mais possibilidades de contratação e escalação. Afinal, quando o mercado se abre, abre-se também a maneira de se escalar. À época, a maioria dos grandes atores e atrizes tinha vínculo fixo com a Globo, e a abertura do mercado permitiu que artistas que sempre eram escalados para personagens coadjuvantes tivessem a oportunidade de atuar como protagonistas nas produções da Record.

Paralelamente, o teatro musical também começou a se profissionalizar no Brasil, produzindo, de início, adaptações de grandes musicais da Broadway, como *A bela e a fera*, que estreou em São Paulo em 2002. Estimulou-se, assim, todo um mercado de importação de espetáculos norte-americanos e, posteriormente, de produções nacionais. Era uma grande porta que se abria para atores e atrizes com habilidades em canto e dança.

De volta à televisão, os canais por assinatura também começaram a produzir cada vez mais conteúdos, estimulados pela nova Lei do Audiovisual, que passou a oferecer financiamento e retorno para a produção nacional. Um movimento bastante significativo na produção de séries e programas alternativos aconteceu em 2009, quando o Multishow, antes um canal focado em reproduzir conteúdos estrangeiros, reestruturou sua programação para incluir a produção de humorísticos nacionais, um grande filão para os atores e as atrizes de comédia do país.

Em vinte anos, saímos de um monopólio televisivo, a Globo, para o amplo mercado audiovisual de hoje, que conta com canais abertos, canais por assinatura, serviços de *streaming*, canais do YouTube e conteúdos diversos para redes sociais. Abriu-se, também, a possibilidade de se pensar além das fronteiras geográficas: o mercado internacional vem se ampliando, e quem se preparar pode colher frutos generosos. Basta imaginar, por exemplo, as produções dos serviços de *streaming*, que, ao estrearem no Brasil, estreiam simultaneamente em mais de cem países diferentes. É um verdadeiro universo que se expande.

É por esse motivo que, especialmente hoje, não podemos falar do mercado audiovisual no singular: existem vários núcleos dentro do nosso mercado, com maneiras distintas de operar, de se apresentar, de atuar. São linguagens diferentes e signos diferentes. É possível circular por todos, é claro, já que eles conversam uns com os outros, mas precisamos ter entendimento dessa complexidade para explorá-los e aproveitar suas potencialidades.

Por não ser "cria do mercado", ou seja, por não ter começado minha carreira no audiovisual, sinto que tive mais liberdade de criar e colocar meu olhar sobre os projetos sem me prender à forma de atuar de outros profissionais. Assim, acabei desenvolvendo meus próprios processos: não acredito em regras, máximas ou fórmulas; tento pensar fora da caixa; não me permito cair na tentação do fácil, do rápido, do óbvio; a cada trabalho, busco um novo olhar e uma nova direção; mantenho minha escuta aberta para me adaptar ao olhar de diretores e produtores, mas sem perder meu próprio ponto de vista.

Foi assim que, em 2012, fui convidada para retornar à Globo em outras condições contratuais, sendo respeitada e reconhecida como eu achava que merecia. Voltei pelas mãos da Ana Margarida, a mesma gerente de direção de elenco que, no passado, havia tido resistência ao meu trabalho, mas que naquele momento me recebeu da melhor maneira possível. O mundo realmente dá voltas. Durante todos esses anos, não perdemos contato e construímos uma relação mútua de respeito profissional, nos tornando grandes parceiras. Foi um gratificante (re)começo. Se eu não tivesse me arriscado e saído da emissora lá atrás, em 2002, dificilmente teria tido essa oportunidade. Por isso gosto de dizer que às vezes é preciso dar alguns passos para trás para dar outros muitos para a frente. Não devemos nos deixar levar pela estabilidade e pela mesmice nem nos sentirmos melhores ou piores do que alguém por aceitar ou abrir mão de um trabalho. Para construir uma carreira sólida, o primeiro passo é respeitar a sua própria maneira de fazer.

O convite para retornar à Globo foi para eu assinar o elenco da microssérie *O canto da Sereia*, gravada integralmente na Bahia. Mais uma vez, lá fui eu para um mercado diferente, em outro estado, em busca de conhecer novos atores e atrizes e trazer uma vibração diferente para o elenco. A ideia era juntar atores conhecidos – que traçam o caminho de escalação do elenco – com atores locais, fazendo assim a matemática perfeita da produção. Afinal, elenco pode, em partes, ser uma arte subjetiva, mas também é matemática, um jogo onde cada peça tem de estar no lugar certo.

A série foi dirigida pelo José Luiz Villamarim, e ouso dizer que foi uma das parcerias mais especiais da minha carreira. Foram três anos e meio trabalhando juntos, nos quais, além de *O canto da Sereia*, fizemos *Amores roubados*, *O rebu*, *Nada será como antes* e *Justiça*. Fiz também o elenco de *Saramandaia*, com direção de Denise Saraceni, e de *Amorteamo*, com direção de Flávia Lacerda. Minha constante busca por inovação e por fugir do óbvio, sempre mesclando novos atores e atrizes com outros já consagrados, me trouxe indicações ao Prêmio Globo Entretenimento por todos os projetos que participei na época. Em 2014, fui contemplada com o prêmio na categoria Melhor Elenco e

Pesquisa por *Amores roubados*, que lançou Irandhir Santos e Jesuíta Barbosa.

Quando penso nessa trajetória, sempre me pergunto: se eu não tivesse saído da Globo em 2002, se não tivesse me arriscado no mercado ao longo desses dez anos, eu teria conquistado esse mesmo reconhecimento? Teria participado desses mesmos projetos? Teria desenvolvido esse olhar arejado para as pesquisas de elenco? Tenho certeza de que não. Sou a profissional que sou por ter vivido tudo o que vivi, por ter me arriscado, por ter me colocado à prova e buscado minhas áreas de interesse. Acreditar na minha intuição me permitiu crescer, inovar e exercer minha criatividade. Porque o mundo nunca para de girar, e nossas prioridades também não.

Assim, em 2015, três anos e meio após minha recontratação na Globo, minhas prioridades mudaram... de novo! Dessa vez, senti que precisava colocar minha família em primeiro lugar, pois na época eu me dividia entre o Rio de Janeiro, onde morava com minha filha, e Minas Gerais, onde meu marido trabalhava. Os encontros familiares aconteciam apenas aos finais de semana, e entendi que não fazia sentido para mim ter um bom salário, mas não ter minha família reunida. Sempre busquei o equilíbrio entre a vida pessoal e a profissional, e o que me move profissionalmente não é apenas a remuneração, e sim meu interesse artístico, o gosto por novos desafios e o desejo de renovação.

No final de 2015, quando pedi novamente demissão da emissora, lá fui eu outra vez para o mercado. Deixei grandes parcerias para trás e passei a trabalhar em uma configuração fora do meu padrão: saí do eixo Rio-São Paulo e fui morar na região metropolitana de Belo Horizonte, Minas Gerais.

Novamente, tive de vencer a desconfiança dos produtores e provar que era possível fazer meu trabalho à distância. De início, toda situação nova pode causar estranhamento, mas depois de um tempo, com tudo funcionando bem, entendemos que existem diversas maneiras de se fazer um bom trabalho. Deixo esse relato, inclusive, para servir de inspiração às pessoas que gostariam de inovar, de ousar, mas que acham que, saindo do padrão, podem se tornar carta fora do baralho.

Após minha saída da Globo, meu modo de operar se tornou basicamente on-line, com poucas idas e vindas ao Rio de Janeiro ou a São Paulo. Considero ter alcançado minha meta: manter minha família unida, morar em um lugar mais tranquilo e seguir com minha profissão. Além disso, ganhei tempo para criar e desenvolver novos talentos.

Em 2019, me lancei no mercado também como fotógrafa, expondo meu trabalho em galerias em Belo Horizonte, Rio de Janeiro, Lisboa e Paris. Paralelamente, desenvolvi um trabalho de assessoria artística de carreira individual para atores e atrizes. Tudo isso me alimenta profissional e pessoalmente, me renova e amplia meu olhar, e, quando volto para a direção de elenco, me sinto transformada. Em 2024, aos 53 anos de idade e com mais de vinte anos de carreira, entendo que é bom se reinventar, e ainda mais gratificante é poder olhar para trás e ter a certeza de que minhas escolhas me trouxeram aonde eu queria estar.

O mercado hoje

Antes de nos aprofundarmos no funcionamento do mercado audiovisual, é preciso entender algumas de suas especificidades.

Em primeiro lugar, é particularmente cruel a crença de muitos profissionais de que os diretores de elenco estão fazendo um favor aos atores ao concordar em vê-los. A relação entre o diretor e o ator deve ser de troca, uma via de mão dupla. Afinal, eles são nossa matéria-prima, e, se não temos um olhar aberto para enxergar quem nos procura, podemos perder grandes talentos. É claro que não é possível acompanhar todos os atores, pois são muitos, mas é preciso se atentar sempre para não deixar escapar uma oportunidade com um bom profissional. Se eu não tivesse essa disponibilidade, por exemplo, certamente não teria cruzado com tanta gente boa no mercado.

Em segundo lugar, a carreira de cada ator ou atriz depende de como o profissional se coloca: a formação, os caminhos tomados, os papéis escolhidos, tudo isso compõe o olhar individual do artista sobre a própria carreira, tornando-se, assim, uma bússola para os diretores escalarem seus elencos. Por isso digo que é necessário acreditar na força do próprio desejo, da escolha, do poder de dizer sim ou não. Quando nos colocamos como protagonistas da nossa história e gerentes de nossas carreiras, ouvimos menos nãos. Muitas vezes, na verdade, somos nós mesmos a dizer não. Para isso, é importante entender como o mercado que se deseja alcançar funciona hoje – quem são os roteiristas, atores, produtores e diretores que se comunicam com a sua forma de trabalhar, que tipo de produção está sendo feita no momento, o que o público espera dessas produções, entre outras especificidades da área. Porque é importante ter desejos e sonhos, mas ter metas e planejamento é essencial. Se você é um ator ou atriz que está investindo na carreira, pratique o pensamento prático e o olhar estratégico sobre os trabalhos. Dessa forma, você conseguirá entender suas prioridades de acordo com o momento que está vivendo.

Por fim, em terceiro lugar, uma carreira bem-sucedida não é necessariamente a que o levará ao topo, e sim a que o fará feliz, satisfeito com sua trajetória. Esse foi um dos meus maiores aprendizados ao longo desses anos acompanhando a carreira de tantos profissionais e vendo que a ideia de sucesso para alguns pode ser de fracasso para outros, e vice-versa. Porque, no fim das contas, sucesso ou fracasso dependem dos seus objetivos e das suas prioridades naquele momento.

No Brasil, durante muitos anos, para se construir uma identidade de ator era necessário estar em novelas da Globo, já que a emissora praticamente monopolizava o mercado. Era a televisão que definia o perfil do artista – o padrão de beleza, a maneira de se apresentar e de atuar, quais roupas usar e o que falar. Em função disso, todos corriam atrás de se encaixar em tais diretrizes, o que deu origem ao mercado de cursos, *workshops* e, mais tarde, à produção de *videobooks*, uma espécie de currículo resumido, em forma de vídeo, cujo objetivo é mostrar o perfil e as qualidades do trabalho do ator. Tanto os *workshops* quanto os *videobooks* seguiam os padrões da emissora, com a mesma estrutura de textos, o mesmo enquadramento e até a mesma iluminação. Sabia-se exatamente qual era a fórmula, e, se você não se encaixasse em algum dos padrões buscados, sentia-se de fora do jogo.

Mas, se no início a escalação de elenco no audiovisual era feita de maneira bastante pessoal e artesanal, com os profissionais envolvidos nas produções indicando familiares, amigos e conhecidos para atuar, tudo começou a mudar com a expansão da televisão, quando foi criado o departamento de elenco, que passou a realizar a pesquisa de atores no mercado nacional. A partir dessa profissionalização, os diretores passaram a ser amplamente alimentados com novidades, o que promoveu uma grande mudança na cara dos elencos. Hoje, não existem mais produções audiovisuais, seja na televisão aberta ou por assinatura, em serviços de *streaming* ou no cinema, sem diretores de elenco envolvidos, e até mesmo as produções teatrais estão absorvendo a função. O mercado expandiu, e tal expansão permite, hoje, que o ator esteja livre para ser quem deseja ser e trilhar o próprio caminho profissional.

Daniel de Oliveira, ator

Vou contar minha história pessoal em relação ao cancelamento do meu contrato com a Rede Globo para me tornar um ator independente. Isso aconteceu em 2010.

Antes de tudo, preciso agradecer à Ciça, que foi a primeira pessoa que assistiu a um vídeo meu, ainda em fita VHS, e me levou ao primeiro teste que fiz na Globo.

Bom, voltando bastante no tempo, eu morava no bairro do Catete, no Rio de Janeiro, e a Rede Manchete havia acabado. Eu havia participado de *Brida* em 1998, e, depois que a novela acabou, fui mandado embora da Manchete e fiquei meio desesperado, pensando "Meu Deus, o que eu estou fazendo aqui no Rio? Eu vim para cá para fazer isso!". Uma vez desempregado, ficava na correria entre o Rio de Janeiro e Belo Horizonte, minha cidade natal, porque precisava ganhar uma graninha lá para pagar o aluguel no Catete. Enfim, são coisas da vida. E aí, também por outras coisas da vida, e graças a Deus, tive a sorte de fazer meu primeiro filme em Congonhas do Campo, Minas Gerais, que foi *O circo das qualidades humanas*. Esse filme me garantiu mais alguns meses de sobrevivência no Rio, e entendi que, se não me desesperasse demais e acreditasse no meu trabalho, as coisas aconteceriam. Então, continuei insistindo.

Foi aí que veio o golpe de sorte! O Chiquinho Nery era meu vizinho no prédio onde eu morava, e o porteiro nos uniu. Ele falava pro Chiquinho "Olha, aquele cara que mora no 808, ele é ator", e, quando eu passava, ele falava para mim "Olha, o cara do 109 é produtor. Você não mexe com esse negócio de teatro?".

Até que um dia eu me encontrei com o Chiquinho na portaria do prédio, nós nos apresentamos e eu falei que entregaria a ele uma fita minha. Eu vinha fazendo isso no Rio de Janeiro inteiro, nas produtoras de cinema, em todos os lugares. Ele viu a fita e me falou: "Cara, você é bom. Vou passar seu material pra Ciça Castello, lá da Globo". E foi aí que tudo começou a acontecer.

Agora, vamos avançar no tempo. Quando entrei na Globo, foi para fazer *Malhação*. Fui contratado para duas temporadas, fiquei lá um pouco mais de um ano, o que me ajudou bastante, porque aprendi muito. Eu tinha a Lilia Cabral como mãe, o Paulo

Gorgulho como pai e a Priscila Fantin como irmã. Meu par era a Natália Lage, e na história a gente casava e tinha um filho. Foi tudo muito bom, aprendi muito e fiz grandes amizades que duram até hoje.

Quando acabou o contrato de *Malhação*, pensei de novo: "Opa, e agora?". Porque você fica um ano e meio contratado, mas o que acontece depois? Mesmo sem saber, fiquei calmo e pensei: "Vou batalhar, vou fazer minhas coisas".

Nesse momento, eu já estava ensaiando para a peça *Êxtase*, que contou com Caco Ciocler, Rosane Gofman e direção do Caio Blat. Acho que o ator tem que ser versátil nesse sentido: se a televisão não te chama, tem o cinema; se o cinema não te chama, tem a publicidade; se não tem a publicidade, tem o teatro; se não tem o teatro, tem a performance; se não tem a performance... meu amigo, inventa alguma coisa! A gente tem que se reinventar sempre, e hoje, com a internet, as possibilidades são infinitas. Naquela época, não era tanto assim.

Enfim, eu comecei a ensaiar para essa peça. Para se ter uma ideia de como as oportunidades aparecem, fui chamado para *A padroeira* – que foi a primeira novela que eu fiz – porque o Walcyr Carrasco, que estava escrevendo esse roteiro, também era autor da peça *Êxtase*. Entrei na segunda metade da novela, no papel do Padre Gregório. Eu ainda não era contratado da emissora nessa época, trabalhava por obra. Mas foi desse contato que surgiu, também, o convite para fazer o filme *Cazuza: o tempo não para*.

Com esse filme, acho que fiquei mais conhecido nacionalmente, e aí começaram a pintar outros trabalhos não só na televisão, mas no cinema também, em tudo. E eu comecei, graças a Deus, a poder escolher o que queria fazer ou não. Por exemplo, na época que surgiu o convite para *Cazuza*, eu estava dividido entre fazer o filme e participar de uma novela do diretor Luiz Fernando Carvalho – um verdadeiro sonho! Eu viria a trabalhar com o Luiz posteriormente, mas, naquele momento, precisei juntar toda a coragem do mundo para negar a novela, para a qual eu inclusive já havia assinado contrato. Mesmo assim, conversei com o Luiz. Eu disse: "Cara, passei no teste de *Cazuza* e não vou poder fazer a novela". E ele falou: "Tá tranquilo, rasga o contrato!". E eu rasguei mesmo. Mais uma vez, abri mão de fazer uma coisa para fazer outra. Então, tem que acreditar demais!

Terminado *Cazuza*, fui contratado pela Globo durante quatro anos. Foi nesse período que fiz a novela *Cabocla*, do Ricardo Waddington, e a minissérie *Hoje é dia de Maria*, do Luiz Fernando Carvalho. Foram trabalhos muito interessantes que me ajudaram a criar minha história na Globo, a fazê-la *acontecer* lá dentro. Acho que a galera da emissora começou a me enxergar como um ator que fazia um bom trabalho, com dedicação e seriedade.

Nesse momento, meu contrato ainda não era tão bom financeiramente, mas eu sabia que estava no caminho certo e que as coisas aconteceriam, mesmo que devagar. Porque a vida de ator é assim:

num momento você está contratado, no outro não, mas aí pinta outro trabalho. Eu já estava sentindo que era isso mesmo, que teria que me virar dessa forma, e foi muito bom para mim aprender a lidar com isso. Porque é no caminho que você vai crescendo, vai fazendo amizades e desenvolvendo sua postura. Você aprende a analisar e a comparar oportunidades, a saber onde está pisando, e assim vai se fortalecendo.

Então, mesmo contratado, eu fiz muitos filmes nessa época. E acho que foi a melhor coisa que eu decidi, porque comecei a cravar meu espaço no cinema também. Sempre tive em mente que, se eu não estivesse contratado em determinado lugar, podia correr para o outro lado. Mas então o contrato com a Globo venceu e veio a oportunidade de renovar por mais quatro anos, que eu aceitei.

Segui nesse mesmo esquema por um tempo, sempre crescendo como profissional. Quando fiz *Cobras e lagartos*, novela das sete de João Emanuel Carneiro e Wolf Maya, tive a possibilidade de ganhar uma graninha por fora com comerciais. Eu aceitava os trabalhos de publicidade visando ao futuro, no sentido de que, se você ganha uma grana em um momento de vacas gordas, precisa economizar para o momento de vacas magras. Não podemos achar que estamos por cima da carne seca, temos sempre que pensar lá na frente, e era isso que eu fazia.

Depois de *Cobras e lagartos*, fiz o filme *A festa da menina morta*, do Matheus Nachtergaele, e me abri muito no sentido artístico, sabe? Foi um trabalho que rendeu muitas ideias que eu levo para a minha vida até hoje. O Homem-Lama – que considero o personagem da minha vida, que vou interpretar até a morte – foi criado ali, no improviso, em meio aos exercícios de butoh** que o Matheus fazia com a gente. Foi nessa época que criei também o projeto Cine Música Particular, com músicas que compus em processos cinematográficos. Tudo isso para dizer que, quando as oportunidades e as ideias pintam, a gente deve abraçá-las.

Enquanto eu estava ali, me expandindo no sentido artístico e buscando o que eu queria para a minha vida profissional, chegou o convite para fazer *Passione*, da Denise Saraceni, primeira e única novela das oito que fiz até hoje. Ao fim do trabalho, decidi não renovar o contrato com a Globo. Queria ter uma experiência mais livre, sabe? Já não estava mais tão à vontade para negar trabalho na Globo, já que eu era contratado fixo. Meu contrato venceria dois meses depois do fim de *Passione*, e eu sabia que eles logo me chamariam para outro trabalho, mas eu não queria, porque havia surgido a oportunidade de fazer um filme na Itália, e eu não pretendia emendar uma coisa na outra.

Precisava de um tempo para pensar em diferentes formas de existir nessa vida, ter novas ideias, fazer um curso, estudar alguma coisa nova, me reciclar e

---

** Estilo de dança que surgiu no Japão pós-guerra, em 1950, inspirado nos movimentos de vanguarda, expressionismo, surrealismo e construtivismo.

me diversificar como ator, até mesmo para a Globo. Então, quando me ofereceram renovar o contrato novamente, eu neguei, mas complementei: "Não estou aqui para fechar portas, porque tudo o que eu tenho na minha vida foi graças a Deus e a vocês". Busquei me colocar da melhor forma possível, olho no olho, porque essas coisas têm que ser ditas pessoalmente mesmo. Quando a decisão é importante, precisamos nos posicionar de maneira muito clara e profissional para não deixar dúvidas do quão valiosa a parceria é. Assim, minha decisão foi respeitada. Eu não estava bem de grana para recusar um contrato, mas quis fazer essa experiência e arriscar. E deu certo! Porque não me desesperei, fiquei com aquela graninha ali, que dava para segurar, e fui batalhando, batalhando, batalhando.

Passaram-se muitos anos nos quais fiz muitas coisas sem contrato, até que chegou um momento em que pensei: "Poxa, acho que um contrato agora seria interessante". Então, aconteceu um episódio curioso. O Tadashi Endo, dançarino de butoh, ia oferecer um curso para a Globo. Eu fiquei louco! O Tadashi havia me preparado para o filme *Órfãos do Eldorado*, lá em Belém do Pará, e eu me apaixonei de vez pelo butoh. Queria tanto fazer o curso que mandei um e-mail para a Globo, mas eles responderam que não era possível porque eu não era contratado. Eu argumentei que estava sempre lá, fazendo trabalhos para a emissora, mas eles insistiram que precisavam dar preferência para quem era contratado fixo. Por causa disso, mas também por uma série de outros fatos, pensei: "Poxa, vou fazer um novo contrato, nem que seja de dois ou três anos". Então, entrei em contato com a emissora de novo e fechamos esse contrato. Não consegui fazer o curso do Tadashi, mas calhou de fazer outro, do diretor argentino Juan Carlos Corazza.

Acredito que é preciso muita sabedoria para dizer não, para suspender um contrato, para agir. Assim como é preciso sensibilidade para seguir trabalhando e fazendo o que você acredita. O mercado é diferente para cada um porque as pessoas são diferentes, então as decisões dependem da realidade de cada um. Hoje, felizmente, existem muito mais possibilidades do que quando eu comecei. Existem outras emissoras, plataformas de *streaming*, internet. O mercado se abriu muito.

Conhecendo os diferentes tipos de mercado

Os diretores de elenco circulam por vários mercados: para cada um deles, há uma maneira de trabalhar, de escalar e de conhecer os profissionais que compõem um elenco. No geral, o que norteia o olhar do diretor é o tipo e o objetivo da obra a ser trabalhada. A Marcela Altberg, por exemplo, maior diretora de elenco de musicais do Brasil, certamente escalará artistas muito diferentes daqueles buscados pelo André Reis, principal diretor de elenco das novelas do Gilberto Braga e, atualmente, gerente de *casting* Brasil da WBD. Os próprios atores também procuram se entender e se encontrar em determinado nicho, pois sabem o quanto têm de se dedicar para se destacar em cada mercado. É claro que, dependendo do trabalho, tanto diretores quanto atores podem circular por diferentes mercados, mas fato é que quanto mais especializado for o profissional, mais chances ele terá de desenvolver seus conhecimentos e aptidões para atuar em determinada área. Ou seja, não se trata de um trabalho que nasce de um dia para o outro, mas de algo construído aos poucos.

Um conselho que sempre dou para quem está buscando se encontrar no audiovisual é pesquisar, estudar e entender cada mercado a fim de identificar qual deles melhor abarca você e sua forma de trabalhar. Mas faça do seu jeito, pois tentar agradar só serve para deixar os artistas encaixotados, produzindo materiais padronizados, fotos e obras sem identidade própria, apagando, assim, sua essência e particularidade como artistas. Os profissionais que se destacam nessa carreira são aqueles que acreditaram em seus talentos e os potencializaram. Não adianta tentar se formatar conforme o mercado, pois ele próprio está mudando e seguirá mudando sempre. Assim, seguir padrões estabelecidos em vez de confiar nas suas escolhas pode ser uma cilada, já que o que é regra hoje amanhã pode não ser mais.

Para pegar um exemplo prático, muito se diz, hoje, que a quantidade de seguidores nas redes sociais, em especial no Instagram, influencia as escalações de elenco. Consequentemente, muita gente passou a correr atrás de números, esquecendo-se de que, se essa persona on-line não for muito bem estruturada e desenvolvida, o conteúdo produzido ali se perde rapidamente. Isso porque novas redes sociais estão sempre surgindo, substituindo as atuais, como aconteceu com o Orkut e, mais recentemente, com o Facebook, o que gera uma mudança no tipo e no formato dos conteúdos consumidos. É claro que muitos artistas e comunicadores conseguem acompanhar as mudanças e desenvolver trabalhos sólidos e autorais nas plataformas digitais, por isso acredito que encontrar seu diferencial é o que de fato atrai o público. Vale lembrar, também, que seguidores não necessariamente se revertem em público: a formação de uma comunidade engajada, que interage e promove o trabalho do artista, gera muito mais retorno do que apenas o número de seguidores. Caso contrário, Wagner Moura, por exemplo, que não tem Instagram, não levaria ninguém ao cinema, assim como a Ingrid Guimarães, que nem de longe é a atriz com mais seguidores nas redes. Então, antes de considerar como regra alguns modos de operar passageiros ou transitórios, lembre-se de que sempre existirá um fantasma chamado mercado, e é nele que devemos focar.

Selton Mello, ator e diretor

Comecei a trabalhar quando criança. Aos 7 anos, pedi à minha mãe para me "levar na televisão". Minha mãe era dona de casa, e meu pai bancário, ou seja, não tinham nada a ver com arte. Mas é como se eu, desde criançola, já soubesse o meu destino, já soubesse o que eu queria. Isso é muito curioso. E me trouxe coisas boas e ruins.

A parte boa é que descobri rápido em que consiste a profissão. Atuar é brincar, nada mais do que isso. É fingir ser algo. Por isso a criança brinca com a boneca, cuida dela, finge que é mãe, ou brinca de polícia e ladrão. E ela acredita nisso, durante o período da brincadeira. Atuar é isso aí. Por isso eu amo trabalhar com crianças! Geralmente, todos os meus trabalhos como diretor têm crianças, porque me vejo nelas e sei extrair delas a espontaneidade. Eu sou, hoje, um ator conectado com esse ator criança. Nunca mais soltei a mão desse garoto. Sigo achando que atuar é brincar, é ser leve. A parte cruel de ter começado tão cedo é que lá pelos 12 anos, fazendo sucesso em uma novela da Globo, no horário nobre – estamos falando dos anos 1980, quando não existia internet nem *streaming*, então uma novela no horário nobre parava o país –, meu contrato foi cortado sem grandes explicações. Minha família tinha se mudado para o Rio de Janeiro para eu fazer aquele trabalho. A gente ficou triste, muito! E meus pais ficaram naquela: "O que fazer agora? Voltar para São Paulo, desistir? Ou continuar aqui, porque talvez daqui a pouco chamem ele de novo?". Mas não chamaram!

Nesse momento, eu descobri a dublagem. Fiquei sabendo de um teste para dublador, fui lá fazer e passei! Eu tinha 12 anos, então minha adolescência foi uma adolescência de dublador, na qual eu fui muito feliz...

Quer dizer, as coisas são curiosas, porque o período em si, enquanto eu estava vivendo essa adolescência, foi muito triste. Eu me sentia rejeitado como ator, me sentia feio, fora do padrão. Me sentia mau ator, achava que nunca mais voltaria para a televisão nem faria algo assim de novo. Achava que era coisa de criança, que meu tempo tinha passado, que não ia rolar mais. Era uma época em que o mercado não tinha descoberto ainda a força do filão adolescente. Não existia *Malhação*, não existiam as peças *Confissões de adolescente*, *Capitães da areia* ou *Os meninos da Rua Paulo* quando eu tinha 13, 14, 15 anos. Não existiam séries nem programas para adolescentes; era para criança ou adulto. Então não tinha muito personagem para mim nessa época. Geralmente, nas novelas, os adolescentes eram interpretados por atores de 20 anos, que faziam papel de 15. Então, para mim, era muito frustrante. Eu olhava e pensava: "Queria tá ali, pô! Mas eu sou ruim, eu sou feio...". Quando tinha uma chance para um teste, eu ouvia sempre que tinha que emagrecer, o que também é uma coisa muito cruel do mercado.

Mas hoje, olhando em perspectiva, eu vejo como foi importante na minha vida o período da dublagem. Foi uma formação fundamental, porque a voz era o que eu tinha para me expressar. Isso desenvolveu em mim uma facilidade com o inglês, porque eu ouvia muito a língua, e me ajudou a decorar texto, porque na dublagem você tem que ler rápido, tem que ter tudo decorado, tem que olhar para a tela e ir atrás da boca. Então, desenvolvi uma agilidade para decorar muito grande.

O período da dublagem também me deu essa tarimba com a voz, que é uma coisa tão marcante em mim. Quando pensam em mim como ator, a minha voz é uma coisa forte, e acho que isso tem muito a ver com a dublagem. Trabalhei com grandes atores e dubladores nessa época e aprendi muito com eles. Então, hoje, passada a fase mais difícil da adolescência, vejo que esse período foi muito bom para eu aprender com a dublagem e para aprender, desde cedo, a lidar com o "não": o não ser legal, o não ser chamado, o não ter sucesso. Porque tive sucesso criança, dos 7 aos 11 anos, mas dos 12 aos 18 fui interditado. Aprendi rápido, já no primeiro bloco da vida, o que é sucesso e fracasso, o que é estar dentro e fora do jogo. Isso abaixou minha bola rápido, porque me fez entender os dois lados rapidamente.

Aí, veio meu retorno. Eu tinha 17, 18 anos, e estava dublando muito. Entrava às 8 da manhã e saía às 10 da noite, diariamente. Ganhava um bom dinheiro. Foi um período muito, muito bom: aprendi com muitos atores, vi muitas interpretações de séries, de filmes... Isso me alimentou muito! Nessa época, rolou um teste para *Uma escola atrapalhada*, último filme dos Trapalhões, com a Angélica e o Supla. E eu passei no teste, o que para mim foi uma coisa muito grande. Nos outros papéis importantes estavam o Leonardo Brício, a Patrícia Perrone, a Maria Mariana... Nós formamos um grupinho ali, durante aqueles meses de gravação, e todos eles foram unânimes em dizer: "Nossa, você é tão bom! Já fez teatro?". Eu respondi que não, que tinha medo, e eles não entenderam. Expliquei que tinha começado criança, na televisão, então minha formação foi televisiva, depois na dublagem, e agora no cinema. Não sabia se eu sabia fazer teatro. E aí todos, mas todos mesmo, disseram: "Você precisa fazer Tablado! Vai ser legal, você vai ver. É bom para se desenvolver". E eu fui, mesmo me sentindo totalmente peixe fora d'água.

Ali, encontrei um mundo novo. O teatro me desabrochou não só como ator, mas como pessoa, para a vida. Enterrou o adolescente frustrado que se sentia inadequado, gordo, feio, ruim. Foi nesse período que conheci a Ciça, nas aulas do Carlos Wilson, o Damião, que foi um professor e diretor nosso. Ela passava pelos ensaios de *O Ateneu*, que foi a peça anterior que eu fiz com ele, e estava comigo no elenco de *Romeu e Julieta*. Vale dizer que meu trauma da adolescência era tão grande que, no dia que o Damião foi entregar os personagens de

O Ateneu, ele falou: "Fulano vai ser esse, ciclano vai ser aquele e o Selton vai ser o Lourenço". Fiquei tipo: "O Lourenço? Tem certeza?". Eu não conseguia me enxergar como um cara bonito, como o herói da história. *Romeu e Julieta* também foi um sucesso, e muitos atores vieram elogiar minha atuação. Nesse sentido, o Damião e o teatro me devolveram a autoestima. Eu pensava: "Que bom que esses amigos me trouxeram para o teatro, para o Tablado, porque aqui eu descobri que sou legal, charmoso, um cara atraente e um bom ator também".

A partir daí, tudo aquilo que eu havia pensado sobre mim durante anos parecia estar enterrado, mas uma coisa era certa: televisão, nunca mais. O trauma me fez acreditar que eu não tinha o perfil de televisão. Então, estava resolvida a minha vida: eu faria teatro, que não me dava dinheiro, e seguiria como dublador, que era meu sustento. Essa seria a minha vida, e eu estava feliz! Então, relaxei. Foi só quando eu relaxei, quando desisti dentro de mim e falei "Acabou, televisão realmente era coisa de criança", que um cara que havia me visto em *Romeu e Julieta* me encontrou e me chamou para fazer um teste de novela. Esse cara era um dos diretores de *Pedra sobre pedra*. Esse cara era o Luiz Fernando Carvalho.

Eu fui fazer o teste, e o Luiz me amou! Ele disse: "É você". E veja como são as coisas: eu morava com os meus pais nessa época e chorava de soluçar em casa, dizendo: "Eu não vou conseguir, eu não sei fazer isso". E eles me acalmavam: "É claro que você sabe, é que nem andar de bicicleta".

Então, fui para a televisão fazer *Pedra sobre pedra*. Em paralelo, seguia com o teatro e com a dublagem, que ainda durou um tempo na minha vida. Até que ela foi saindo um pouco de cena, porque a televisão começou a me achar legal. De novo. E depois eu fiz mais novelas: *A indomada, Tropicaliente, Olho no olho*... A vida ia seguindo, e eu aprendendo.

Aqui, cabe uma observação: tanto na minha primeira experiência quanto no meu retorno para a televisão, eu era dirigido apenas pelos diretores. Não existia preparador de elenco. Não tinha ninguém para me ajudar. Eu me virava lendo, prestando atenção e observando os outros atores. Não existia celular, que acho uma coisa péssima para as gerações mais novas, porque, no geral, elas leem menos.

Eu vivia com os outros atores: ficava na sala deles, trocava ideia, geralmente com os mais velhos. Gostava de ficar com o Cláudio Corrêa e Castro, o José Lewgoy, o Nelson Dantas, o Armando Bógus... Trabalhei com grandes atores e aprendi muito com eles, assim como com os diretores, que eu observava muito. Cada um tinha um estilo, um jeito, mas seguiam, e eu seguia minha intuição.

Quando fiz *Força de um desejo*, gravada na virada de 1999 para 2000, o cinema estava começando a bombar, a crescer e abrir mais possibilidades. Me chamavam para muitos filmes nessa época, mas eu não podia aceitar porque tinha contrato com a televisão. Foi aí que, em 2000, quando terminou meu contrato, eu pedi para não renovarem. Todo mundo me achou louco. A Globo me achou completamente louco. Meus colegas falavam: "Você pirou! Vai largar tudo? Você é primeira linha, é protagonista!". E eu respondia: "Eu preciso de um desafio! Preciso ver meus olhos brilhando de novo, e já não venho sentindo isso na televisão. Então, vou dar um tempo". Esse tempo poderia ser de um, dois, três anos – eu não sabia. Seguiria enquanto meu dinheiro durasse, porque no cinema não se ganha tão bem quanto na televisão, mas eu queria ir atrás disso. E eu fui.

Esse período, que eu achei que duraria alguns anos, acabou durando vinte. No decorrer de duas décadas da minha vida, fiquei apenas *indo* na televisão, mas sempre trabalhando por obra, e não com contrato fechado. Eu fiz *Os Maias*, *Os Aspones*, *A cura*, *Treze dias longe do sol*, *Ligações perigosas*, *Caramuru*... Paralelamente, segui com o cinema, onde fui muito feliz fazendo trabalhos importantes e que me enriqueceram muito. Também senti que influenciei uma geração nessa época, porque muita gente que havia me achado louco lá atrás, quando saí da Globo, depois começou a falar "Olha, isso é possível" e passou a procurar outros caminhos também. Eu saquei esse movimento.

Mas voltando ao brilho nos olhos, chegou numa altura do cinema que eu já tinha feito filme cabeça, filme comercial, filme que foi um sucesso, filme que foi um fracasso, enfim, eu experimentei um pouco de tudo. De Júlio Bressane a Guel Arraes. De Carlão Reichenbach a Cláudio Torres. E foi muito rico, muito lindo esse meu namoro com o cinema. Mas chegou num ponto que eu pensei: "E aí? O que mais?". Igualzinho ao eu lá de trás, que se cansou de fazer uma novela atrás da outra. Nesse momento, eu entendi que precisava mudar alguma coisa. Foi aí que veio a ideia de dirigir.

Tudo começou no Canal Brasil, em um programa que misturava entrevistas com conteúdos de ficção, para o qual fiz um curta. Conheci a Darlene Glória, me encantei por ela e dirigi meu primeiro filme, depois o segundo, o terceiro... E aí, virei diretor.

Na minha experiência, eu já só atuei, só dirigi e também me autodirigi. Então, vivi um pouco de tudo. Foi incrível! Mais um passo fabuloso na minha vida, porque aprendi a me expressar de forma mais ampla. Como ator, você é uma peça da engrenagem; como diretor, você conta aquela história sob o seu ponto de vista: você decide o tom, o ritmo, a trilha, o figurino... Isso combina com a minha cabeça hiperativa. E o mais fascinante é que a direção me faz aprender como diretor, óbvio, mas também me enriquece muito como ator. Muitas vezes, quando estou dirigindo um ator, ele toma decisões que me fazem pensar: "Nossa, eu nunca iria por esse caminho, que escolha interessante". Porque são pessoas diferentes, escolas diferentes, estilos diferentes. Então, o fato de ter virado diretor me ajuda como ator também.

Resumindo minha trajetória, acho que o que fiz durante a vida profissional foi não deixar me rotularem, porque o Brasil tende a rotular: se tem cara de mau é o vilão, se é galã é o mocinho, se é fora do padrão é o engraçado. Se você reparar, eu já passei por vários tipos de personagem e não me deixei definir por nenhum. Quando eu estava muito no drama, fazendo papéis muito pesados, eu pensava "Preciso de leveza", e então ia para a comédia. Depois, quando achava que estava muito comediante, eu voltava para o drama ou descansava minha imagem por um tempo. Esse tempo é algo que eu, como diretor, posso proporcionar ao meu lado ator.

***

Até agora, já vimos que o mercado audiovisual brasileiro é muito vasto. Para aproveitar ao máximo suas potencialidades, precisamos conhecê-lo de perto, analisando os diferentes nichos e entendendo como adentrá-los, como se apresentar em cada um deles e, principalmente, como agradá-los.

Entre as tantas opções disponíveis, gostaria de aprofundar nas que mais se destacam, hoje, no cenário nacional.

O mercado do humor

O humor no Brasil, principalmente na televisão, se configurou em um formato bastante específico, com uma linguagem bem parecida, durante um longo período. Nos anos 1980 e 1990, tínhamos Chico Anysio, Jô Soares e Carlos Alberto de Nóbrega comandando, nas principais emissoras do país, programas que absorviam diversos humoristas, como os clássicos *Escolinha do professor Raimundo*, *Viva o Gordo* e *A praça é nossa*.

Na virada para os anos 2000, surgiu o *Zorra total*, trazendo um humor farsesco, de chanchada e, muitas vezes, preconceituoso – um reflexo da maneira de se ver o mundo à época. Faziam-se piadas e reforçavam-se estereótipos sobre minorias sociais, especialmente pessoas negras, periféricas e LGBTQIAP+. As mulheres, vistas como objetos, também eram alvo de zombarias misóginas envolvendo seu corpo ou sua capacidade intelectual, como os clichês da loira burra e da gorda engraçada.

Mas essa abordagem já vinha sendo questionada havia algum tempo. Programas como *TV Pirata*, em 1980, e *Casseta & Planeta, urgente!*, em 1990, traziam esquetes satíricas sobre política e atualidades num modelo mais escrachado, que atraía o público jovem. Posteriormente, na década de 2010, o humor de sátira ganhou ainda mais força com a internet, abrindo espaço para produtoras de conteúdo on-line como o *Porta dos fundos* e o *Embrulha pra viagem*. A televisão também não ficou para trás: o Multishow – canal que contava com uma programação bastante diversa no início dos anos 2000, até mesmo dispersa – encontrou na comédia um grande mercado, transformando-se em um dos maiores produtores de humor da atualidade, e até canais estrangeiros como o Comedy Central, totalmente focado no gênero, se estabeleceram na programação nacional.

Gregório Duvivier, ator e produtor

No início, nós éramos apenas amigos que se frequentavam em peças e trabalhos. Tinha essa peça de improvisação chamada *Z.É. – Zenas Emprovisadas*, que eu fazia com o Fernando Caruso, o Marcelo Adnet e o Rafael Queiroga. O Fábio Porchat fazia um *stand-up* nessa época, o *Comédia em pé*. Nós assistíamos às peças um do outro, até que ele me apresentou ao Ian SBF, um diretor muito interessante de curtas, que por sua vez me apresentou ao Kibe Loco, o Antonio Tabet. Éramos amigos que tinham em comum a vontade de fazer um humor meio diferente.

Em 2012, todos estávamos na Globo, cada um em uma área, mas fazíamos um programa superlegal, o *Junto & Misturado*, com roteiro do Fábio, do Ian, entre outros. E a gente tinha vontade de fazer um programa próprio, a princípio na Globo, mas lá não tinha muita abertura, sabe? Quer dizer, a gente adorava fazer o *Junto & Misturado*, mas tinha muitos esquetes que a Globo não topava, e não era por falta de tentativa. Todo mundo tentava, mas não emplacava. Naquela época, não podíamos falar de sexo, religião, política, marca, ou seja, tudo que o *Porta dos fundos* se caracterizou por falar depois. Tudo que praticamente definiu a gente, que era poder falar com liberdade de todos os assuntos, sem tabus.

Então nos juntamos para tentar fazer esse programa só com os esquetes proibidões. Marcamos jantares com produtores de canais por assinatura para apresentar o projeto, mas eles não quiseram. Apresentamos para vários canais, mas ninguém quis.

Foi aí que falamos: "Vamos fazer na internet". O Ian, que era o diretor, já tinha um canal pequeno na época, o *Anões em chamas*, do qual eu volta e meia participava com o Fábio. Cada um tinha um dinheirinho guardado também, então pensamos: "Por que não investir em um canal? Por que não fazer disso um projeto on-line?". Então, juntamos o pouco dinheiro de cada um para comprar os equipamentos. Algumas coisas a gente já tinha, outras pegamos emprestadas, mas a gente fez. E foi superdemorado. Nós não queríamos fazer e lançar, tinha que ter todo um planejamento. O Antonio Tabet é um cara que entende muito de internet, e foi ele que falou pra gente: "Olha, tem que ter um plano. Internet tem que ter periodicidade, tem que ter frequência, não é só lançar um vídeo agora e no dia seguinte lançar outro". Ele achou que soltar em dias de semana seria melhor do que aos finais de semana, então definimos que os vídeos sairiam às segundas e quintas-feiras às 11 horas. E nós nos comprometemos com isso.

Muitas pessoas acham que, por se ter certa liberdade na internet, você pode produzir como e quando quiser, mas não é assim. Criar uma relação de fidelidade com o público é muito importante (a gente viu isso no *Porta*), e para isso você precisa se comprometer a lançar as coisas como combinado. Quando se cria uma agenda, cria-se um compromisso com o público.

Então, por mais que você não tenha uma grade tão fixa quanto na televisão, no *Porta* a gente sempre teve isso. Foi um compromisso nosso, e temos muito orgulho de honrá-lo há mais de dez anos. Há mais de dez anos, lançamos vídeos todas as segundas e quintas-feiras. Em algum momento, acrescentamos mais um dia, o sábado. E a gente até pode soltar alguma coisa fora da agenda, mas nunca deixamos de lançar nesses três dias, nesse horário. É sagrado!

Já ocorreu, por exemplo, de acontecerem tragédias no Brasil e a gente lançar os vídeos mesmo assim. Algumas pessoas até reclamam: "Pô, vocês vão fazer isso nesse momento? Acabaram de morrer sei lá quantas pessoas em tal desastre, não é hora de rir". Mas, pra gente, é uma questão ritualística lançar. Precisamos fazer isso, e não é porque não nos importamos, mas exatamente porque, quando há uma tragédia, o país também precisa de humor, também precisa relaxar... O *Porta* entrou na rotina das pessoas, elas contam com isso. Muita gente conta com isso.

De 2012 para cá, muita coisa mudou não só no mundo, mas na gente também. No começo, éramos cinco sócios e alguns outros atores – que, inclusive, eram todos do nosso círculo social. Chamamos as pessoas que estavam à nossa volta: a Clarice Falcão, que na época era minha namorada; a Letícia Lima, que era casada com o Ian SBF; o Marcos Veras, que era amigo nosso; a Júlia Rabello, que era casada com o Veras e também era amiga nossa; e o Rafael Infante e o João Vicente, que também eram grandes amigos. Depois vieram o Luís Lobianco e o Gabriel Carbonelli, o Totoro. O Ian encontrou o Lobianco em uma casa de shows no Rio de Janeiro, o Buraco da Lacraia, achou o cara brilhante e o levou imediatamente para o *Porta*, e todo mundo amou ele. Já o Totoro era o profissional de tecnologia da informação, o "cara do computador" do *Anões em chamas*, e a gente achava ele muito engraçado, muito particular. Então ele veio, fez um esquete, depois outro, e quando a gente viu ele já estava fixo.

Éramos amigos e, à exceção do Totoro, que não era ator, quase todos faziam teatro. Acho que isso nos uniu um pouco, ainda que cada um trabalhasse com uma coisa: eu e o Infante fazíamos muita improvisação, o Fábio fazia *stand-up*, o Lobianco fazia um pouco de tudo, até musical. Na verdade, acabei de me lembrar que o Antonio Tabet também nunca tinha atuado. Engraçado, né? Porque, hoje em dia, ele é um superator. Foi uma revelação, uma descoberta até para ele mesmo. O João Vicente já tinha feito teatro na CAL (Casa das Artes de Laranjeiras) e tal, embora eu ache que foi o *Porta* que trouxe ele de volta para a atuação.

Mas o que todos tínhamos em comum, definitivamente, era a vontade de fazer um humor livre. A nossa liberdade no *Porta* é inegociável, sabe? Realmente não deixamos de fazer nada por medo. Acho que esse é o nosso grande diferencial. As pessoas às vezes comentam, por exemplo, que não fazemos piada com minoria, o que é verdade, mas não é por medo. As coisas que não fazemos são as coisas que não achamos graça, que achamos datado, cafona, feio, ofensivo, bobo. Mas por medo não. Esse é o nosso mote, a liberdade como um valor inegociável.

Na atuação e na direção, a gente sempre valorizou muito uma pegada bem realista. É algo que a gente sempre achou graça na vida: nossa geração é muito filha de um humor ultrarrealista, tipo *The Office, Parks and Recreation, Curb Your Enthusiasm*... Gostamos desse tipo de humor de constrangimento, de falso documentário, no qual você tem a impressão de que aquilo está realmente acontecendo. Então, não só a câmera é uma câmera mais livre, como as coisas não são tão ensaiadas na *mise-en-scène*, e o ator cola o máximo possível a interpretação dele na realidade. No *Porta*, a gente rejeita tudo o que descola da realidade. A gente rejeita esse tom de imitação, de caricatura. Não cabe no que a gente faz.

Pessoalmente, eu até gosto desse tipo de humor, porque cresci com ele, é claro. Tenho o maior carinho pelo humor de *A praça é nossa*, do antigo *Zorra total*, de *Os Trapalhões*. Mas o *Porta* meio que foi criado no sentido contrário disso, sabe? Num formato que parece muito mais com drama do que com o que a gente entendia como humor.

O que eu quero dizer com isso? Que antigamente o humor no Brasil era mais colorido, mais "frito", e ainda é em alguns programas. É uma oitava acima da realidade, e por muito tempo a gente achou graça disso. Hoje em dia, passamos a achar graça no humor mais despido, desprovido de tinta de caricatura, de maneirismos, de trejeitos. A gente tenta ser o mais real possível no *Porta*, o que vale para tudo também: figurino, cenário... Quase sempre usamos cenários reais, até por falta de grana, né? Filmamos quase todos os esquetes na minha casa, por exemplo, e eu morava numa casa micro. Era um quarto e sala, e em cada parede a gente filmou um esquete diferente: era um na cama, outro no sofá que estava na frente, mas que se isolasse parecia outro lugar, e por aí vai. Gravamos muitos esquetes no mesmo quarto e sala fingindo que eram lugares diferentes. Quando a cena era em um restaurante, ligávamos para amigos que tinham um bar, um estabelecimento, e íamos gravar de madrugada, ou numa segunda, quando estava fechado. A gente sempre gravou em horários loucos no começo, por causa disso.

Eu diria que o que mais importa pra gente no *Porta* é o texto, o realismo da interpretação, o fato de a situação ser crível, real, de não parecer comédia. Queremos que as pessoas realmente vejam aquilo como algo que está acontecendo, que suspendam suas descrenças, que se esqueçam de que estão vendo uma peça de ficção. Pra gente, esse sempre foi o objetivo.

Quando penso em ídolos, penso muito no tipo de ator-autor, como Selton Mello, Vladimir Brichta, Fernanda Torres, Pedro Cardoso, Luís Miranda… São atores que escrevem o próprio texto, que se produzem, se dirigem, se inventam. Acho que o ator precisa também ser autoral, precisa dizer. Não acho que a gente seja só um fantoche, sabe? No *Porta*, todos temos isso em comum: gostamos muito de falar através do humor, da comédia, e também de debater. As pessoas costumam achar que humor é uma coisa leve, mas não, porque a gente debate muito as piadas. E não acho que elas fiquem menos engraçadas por isso. Acho que o humor se enriquece muito com o debate. Então, a gente discute todo dia, debate todo dia, mas não briga nunca. Discutimos para não brigar. E acho que isso é muito fundamental na nossa sociedade.

O *Porta* cresceu muito, e o que começou como um projeto de alguns amigos se transformou em uma grande produtora que faz muitos trabalhos diferentes e importantes. É essa equipe que produz, por exemplo, o *Greg News* na HBO, o *Que história é essa, Porchat?* no GNT, a série *Homens?* na Amazon, o programa de viagens *Porta afora*, também do Fábio.

Esse crescimento foi muito bom, porque foi quando a gente percebeu que dava para fazer tudo no *Porta*, não só os esquetes. Ao mesmo tempo, eu não tenho obrigação de fazer nada no *Porta*, o que também é uma coisa importante, porque não temos contrato de exclusividade. Temos nossa agenda, é claro, que é prioritariamente do *Porta*, mas não há nada exclusivo em termos de imagem. A gente acredita muito que os atores são livres, donos do próprio rosto. Não acreditamos no domínio do corpo, não queremos ser donos do corpo nem da alma de ninguém. Somos livres.

***

Outro formato que floresceu no Brasil foi o sitcom (abreviatura da expressão de língua inglesa *situation comedy*, ou comédia de situação), cujos personagens, arquétipos de pessoas comuns, vivem situações do dia a dia envolvendo relações familiares, de amizade ou de trabalho. É o caso dos clássicos *Sai de baixo*, *Os normais*,

A grande família e *Tapas & beijos*, entre muitos outros programas que trilharam novos caminhos para a produção de humor em todo o país.

Pouco a pouco, o cenário também mudava para as mulheres, abrindo suas portas para uma geração de artistas inteligentes, talentosas e criativas no audiovisual. Séries de grande sucesso, como *A diarista* e *Sob nova direção*, contam com mulheres incríveis na produção de roteiros, na direção e atuando em papéis principais, além de abordarem mais assuntos de interesse geral do público feminino. A partir de 2003, o GNT, antes um canal de notícias e variedades, também passou a produzir conteúdo com foco nesse público, criando séries com e para mulheres.

Ingrid Guimarães, atriz e roteirista

Sempre fui uma atriz que precisou fazer a própria história. Levando em conta todo o histórico do papel da mulher na comédia no Brasil, sempre fomos muito coadjuvantes, sempre fomos escada para os homens. Tínhamos papéis pequenos – o da feia, o da empregada, o da secretária. Era uma época em que não havia bons papéis de comédia para mulheres no cinema e nas novelas, principalmente porque os programas de humor eram todos escritos, dirigidos e protagonizados por homens. Então, eu fiz muito da minha carreira no teatro, o que me rendeu, por exemplo, o sucesso *Confissões de adolescente*, nos anos 1990.

Mas chegou um momento que eu estava totalmente sem trabalho, e a Heloísa Périssé também. Então resolvemos pegar os esquetes que a gente criava para fazer os testes – porque a gente escrevia nossos esquetes, principalmente para os testes de comédia –, juntamos tudo e, com 400 reais no bolso, montamos nossa própria peça, a *Cócegas*. Fizemos num teatro pequeno, o Candido Mendes, que não cobrava aluguel. A ideia era ficar pouquinho tempo no teatro para então fazer peças para empresas, que era uma coisa que dava dinheiro na época. Mas, com o grande sucesso de *Cócegas*, a gente deu a volta... Costumamos dizer que a gente saiu pela porta dos fundos, deu a volta e entrou pela frente. Ganhamos protagonismo.

A partir daí, oferecemos um projeto para a Globo e conseguimos um programa que ficou quatro anos no ar, que foi o *Sob nova direção*. Depois, criamos o *Cosquinhas*. A gente soube aproveitar o sucesso. É importante, quando você consegue ter sucesso, aproveitá-lo da melhor maneira para gerar outros conteúdos e não ficar refém dele.

Depois do *Sob nova direção*, eu comecei a oferecer trabalhos também para canais por assinatura, que nem sempre dão muito dinheiro, mas que permitem a você se desenvolver como criadora. Apresentar e propor ideias é algo que acho muito importante. Às vezes, precisamos desenvolver um novo olhar sobre nós para que o outro também tenha um novo olhar sobre nós. Não adianta esperar que o outro te chame para fazer algo que você queira, porque as pessoas vão sempre te botar em gavetas, em estereótipos. Se quiser mudar isso, é importante que você tenha o domínio da sua carreira.

E uma coisa legal, principalmente nos dias de hoje, é você se unir a outras pessoas que têm a ver com você, com a sua visão de carreira, ou que combinem com as coisas que você faz, que tenham química com você. Essa união para fazer uma história juntos foi uma coisa muito importante na minha carreira.

O mercado infantojuvenil

Este é, talvez, o mercado que mais passou por grandes transformações nos últimos vinte anos. Antes desse período, os programas voltados para o público infantil e adolescente, que já eram raros, eram feitos majoritariamente com elenco adulto. Houve algumas exceções nas novelas, como *Chiquititas*, exibida pelo SBT no final da década de 1990, mas, em geral, poucas produções nacionais abarcavam atores mirins. O mercado que mais os absorvia era o da publicidade, mas, com o passar do tempo, isso também mudou. Entendeu-se que a melhor maneira de se comunicar com o público infantojuvenil no audiovisual era por meio de crianças e adolescentes, e as produções com esse foco passaram a absorvê-los, assim como o mercado de musicais, que começou a crescer no Brasil.

Na virada da década de 1990 para 2000, muitos canais estrangeiros voltados para crianças e adolescentes se estabeleceram no Brasil por meio da televisão por assinatura, como o Cartoon Network, a Nickelodeon, o Discovery Kids, a Fox Kids, entre outros. Apesar de serem produtoras estrangeiras, parte de sua programação era adaptada para o contexto nacional, o que abriu mais oportunidades para atores e atrizes mirins e ajudou a moldar a linguagem dos programas para o público brasileiro. Algum tempo depois, em 2012, a Globo criou o Gloob, um braço da emissora com foco no público infantojuvenil.

Com o crescimento desse mercado, aumentou também a concorrência, e os jovens profissionais se viram diante da necessidade de se especializar, estudar e fazer cursos com foco na área, como aulas de canto, de dança e de instrumentos musicais. Consequentemente, a quantidade de agências especializadas em atender profissionais mirins também aumentou muito. Na grande maioria das vezes, a pesquisa por atores mirins passa por essas agências, que têm o compromisso não apenas de conseguir trabalhos, mas também de orientar os jovens e suas famílias. Esse é um ponto essencial, pois nesse mercado não podemos avaliar somente a postura da criança, mas também, e principalmente, a conduta dos responsáveis por ela. A responsabilidade de administrar a "carreira" de uma criança envolve conhecer e respeitar seus limites e os limites de sua participação. Afinal, antes de tudo, essas pessoas são crianças e adolescentes em desenvolvimento, não profissionais estabelecidos no mercado e com maturidade para tomar decisões sozinhos. Dessa forma, apoiar, incentivar, permitir que a criança faça o que quer e gosta é legal, mas não pode nunca ser uma obrigação.

Larissa Manoela, atriz e cantora

Eu fui descoberta em um supermercado na minha cidade. Nasci em Guarapuava, no Paraná, onde vivi até os 7 anos. Comecei a carreira aos 4 anos, bem jovem, e senti muito quando me mudei para

São Paulo alguns anos depois, pois eu estava conquistando os primeiros amigos na minha cidade, desenvolvendo meu contato com a escola e com o aprendizado, enfim. Mesmo assim, sempre fui muito decidida a ir atrás daquilo que eu sonhava.

Nessa busca pelos meus sonhos e objetivos, recebi muitos nãos, mas eles me deixaram mais forte, me fizeram entender que eu não podia desistir, que precisava ir atrás daquilo porque, em breve, tudo daria certo. Esse sempre foi o meu objetivo maior, sabe? Então não desisti, permaneci firme e forte. Tive que abdicar, óbvio, de alguns momentos com a minha família e com os meus amigos. Eu não podia, por exemplo, ir para a casa de uma amiga fazer um trabalho de escola, porque eu tinha que ir pro meu trabalho. Eu tinha que gravar, tinha que cumprir os meus compromissos, o que sempre fiz com o maior amor, carinho e dedicação.

Eu me cobro bastante, sou muito perfeccionista. Gosto muito de me superar, todas as vezes. Acho que a gente tem que ser a nossa melhor versão todas as vezes. O sol brilha para todo mundo. Você vai conquistando o seu espaço e fazendo a sua existência, a sua personalidade, a sua autenticidade até se tornar única nesse mundo. Então, eu gosto muito de ir atrás disso.

Acho que toda a minha história foi bastante marcada pelo meu crescimento na televisão, na frente das câmeras, seja na publicidade, no cinema ou nos musicais. Eu não sei viver outra vida. Hoje, tenho total noção do que eu plantei, do que já colhi e do que estou plantando para colher lá na frente. Sou muito determinada, muito focada. Tive, óbvio, que ir lidando com tanta gente me acompanhando na minha vida, tanta gente falando e dando "pitaco". Mas acho que isso também me tornou muito forte, me fez ser a mulher que sou hoje e me trouxe muita sabedoria, muito conhecimento. É sempre um aprendizado, dia após dia.

Eu sou capricorniana, então gosto do meu trabalho perfeito. Gosto de falar sobre personalidade e autenticidade. Costumo levar uma frase para a minha vida que é: "Você é o que escolhe ser". E eu escolhi ser melhor todos os dias. Então, acho que você tem que estar sempre se reinventando, sendo a melhor versão de si mesma. Hoje, por exemplo, tenho noção da responsabilidade que tenho para com muitos jovens, adolescentes e crianças. Sou extremamente honrada por isso. Aprendo muito com eles, existe uma troca muito positiva. E o que eu digo para eles, que se inspiram e desejam construir uma carreira ou despertar para algo nessa profissão, é que não é fácil, que exige muita luta e muita batalha. Tem que correr atrás. As coisas não caem do céu. Você tem que se aperfeiçoar, tem que fazer cursos, tem que fazer testes. Tem que saber lidar com o não, com o sim. Tudo isso faz parte.

Quando olho para o lado, vejo tantos parceiros incríveis que agregam na nossa profissão. Que também cresceram na frente das câmeras, com a galera sempre acompanhando. Então, procuro trocar ideias e conversar com outras pessoas que também cresceram nesse meio, que também passaram por dificuldades, mas que reconhecem, mesmo diante da dificuldade e da luta, que a vitória e o orgulho de conquistar tudo o que se conquistou é muito grande. Traz muita felicidade. É uma recompensa extremamente especial.

O mercado regional

O Brasil é um país imenso, heterogêneo, com muita diversidade cultural e, consequentemente, muitas possibilidades de produções regionais. Nesse mercado, as raízes do profissional são fundamentais, pois trazem novos olhares e maneiras mais ricas de se contar determinada história. Considerando o contexto geral do audiovisual, no qual temos mercados inflados no Rio de Janeiro e em São Paulo, vejo a produção regional como um caminho promissor para muitos artistas.

No meu dia a dia profissional, atendo atores e atrizes de várias regiões do Brasil, e não raro constato um olhar voltado ao eixo Rio-São Paulo, sem considerar a força que os mercados regionais podem ter. Uma pergunta que sempre ouço, por exemplo, é se é preciso morar nessas cidades para ter sucesso na área, o que costumo responder com outras perguntas: "Você quer se mudar? Já avaliou se existem oportunidades diferentes onde você mora? Se você está bem estabelecido no seu mercado, por que abandoná-lo e correr o risco de perder o que você construiu?". Temos que sempre pensar em somar, e não apenas em seguir determinado fluxo. Hoje, com a tecnologia a nosso favor, já não faz diferença estar no Rio de Janeiro ou em Fortaleza para enviar um portfólio ou se inscrever para testes. Afinal, se você tem disponibilidade para se mudar para o Rio, provavelmente também terá para estar lá quando necessário. Acredito que mais importante do que morar em determinada cidade, então, é se dispor a ir para onde o seu trabalho o levar.

Vale dizer também que o mercado regional pode fazer o artista crescer e aparecer no cenário nacional. Temos muitos atores e atrizes que não deixaram suas cidades num primeiro momento, mas que, através de um filme ou peça, se destacaram e conquistaram reconhecimento global. É o caso de Irandhir Santos, Inês Peixoto, Titina Medeiros, Jesuíta Barbosa e Maeve Jinkings, para citar apenas alguns. Grandes grupos também estão em mercados regionais, como o Grupo Galpão, de Belo Horizonte; Os Melhores do Mundo, de Brasília; a Companhia Brasileira de Teatro, de Curitiba; o Clowns de Shakespeare, de Natal. Todos eles, mesmo sediados em suas cidades, circulam pelo Brasil e pelo exterior, levando um repertório vasto e autêntico para audiências antigas e novas.

Se você está avaliando possibilidades de mudança, então, meu conselho é que considere morar onde for mais confortável para a sua vida e para a sua carreira, um lugar onde seu *network* funcione e onde as pessoas o conheçam. É claro que você também pode, de tempos em tempos, ir ao Rio de Janeiro ou a São Paulo para assistir a peças, fazer cursos especializados, ampliar fronteiras e criar conexões, expandindo seu conhecimento e se inteirando do que há de novo no mercado nacional. Sempre que possível, se estiver atuando ou produzindo um espetáculo na sua região, procure levá-lo para outras cidades e convidar as pessoas para conhecer seu trabalho. Lembre-se de que, quando não há oportunidades, precisamos criá-las. Afinal, chegar a uma nova cidade com um trabalho consistente lhe renderá muito mais frutos do que apenas levar um currículo debaixo do braço.

Vou citar um breve exemplo de como essa estratégia funciona. Em 2000, estreou no Rio de Janeiro uma peça chamada *A máquina*, dirigida por João Falcão. Ninguém no eixo Rio-São Paulo conhecia os jovens atores que a estrelavam, mas a maioria deles já tinha carreiras sólidas na Bahia. Desse espetáculo, saíram três atores que hoje protagonizam grandes produções nacionais e internacionais. São eles Wagner Moura, Lázaro Ramos e Vladimir Brichta.

Vladimir Brichta, ator

A primeira vez que me entendi como gente, como pessoa, eu tinha entre 4 e 5 anos, que é quando a gente começa a ter memória. Eu morava na Alemanha com meus pais, porque meu pai estava fazendo doutorado lá, e a escola que eu frequentava promovia visitas frequentes de artistas que viajavam pelo país inteiro fazendo apresentações. Naquele momento, tive meu primeiro contato com a atuação. Eu assistia aos mímicos, às apresentações de monólogos, às peças, aos shows de mágica e de palhaços. Foi o meu primeiro contato com o mundo das artes cênicas. E eu me encantei, logo ali.

Eu lembro que sempre incorporava o nome do artista que tinha visto ao meu próprio nome e, ao voltar para casa, me apresentava como aquela pessoa e tentava imitá-la. Eu brincava muito de mímica nesse período, e, quando voltei para o Brasil, entrei para o grupo de teatro da escola, o Fantasia. Eu tinha 6 anos nessa época, mas um ano antes eu acompanhava meus irmãos mais velhos, que já faziam parte do

Fantasia. Não pude participar antes porque eu ainda não era alfabetizado, e a exigência era que a criança fosse capaz de ler os textos. Então passei um ano acompanhando meus irmãos, assistindo a todos os ensaios das peças que eles montaram e ficando totalmente encantado. Eu costumava dizer que aquilo era como cair na poção mágica do Asterix e do Obelix, sabe? O Obelix caiu na poção mágica e ganhou um poder, enquanto eu passei um ano assistindo aquilo que me daria a vontade de atuar pelo resto da vida.

No ano seguinte, quando entrei no Fantasia, estreei no papel do cachorro de *Os Saltimbancos*. A gente levava as apresentações para outras escolas, íamos todos juntos na Kombi do Seu Evilásio, o que me permitiu viver um pouco da vida do artista que circula pelos lugares mostrando seu trabalho. Aquilo me enchia de significado. Eu era uma criança muito dispersa, um pouco agressiva até, e o teatro era onde eu conseguia canalizar essa agressividade e ter foco. Isso me fez muito bem, e hoje eu acredito que o teatro é uma bela ferramenta de educação, que deveria ser matéria obrigatória em todas as escolas. Existe um potencial educador no teatro pelo fato de você ter sua obrigação individual e para com o coletivo. Acho isso muito saudável, encantador e potente.

Eu passei, se não me engano, seis anos no Fantasia. Na adolescência, aos 14 anos, fiquei um tempo longe, e então voltei aos 16. E voltei achando que era aquilo que eu queria fazer da minha vida. Então, aos 17 anos, comecei um curso profissionalizante na Universidade Federal da Bahia, um curso livre, como era chamado na época, e ao final de um ano me tornei um profissional que começou a batalhar pela carreira em Salvador.

Era 1993 quando concluí o curso livre. Nesse mesmo ano, montamos uma adaptação da peça *O inspetor geral*, do Nikolai Gógol, e a partir daí comecei a trabalhar profissionalmente. Fiz peças infantis, adultas, musicais e até figuração em ópera para ganhar um dinheiro. Trabalhei muito em Salvador, até que comecei a me deparar com diretores que, na época, eram os expoentes do teatro da cidade, e dei a sorte de trabalhar com praticamente todos eles.

Em 1996, comecei uma faculdade de teatro. Mesmo já trabalhando profissionalmente, eu achava que precisava de uma formação mais consistente. Paralelamente, estava sempre com alguma peça em cartaz ou participando de leituras, que eram promovidas pela própria faculdade. Foi assim que conheci muitos dos clássicos da dramaturgia mundial.

Em 1998, conheci o diretor João Falcão, que foi a Salvador para inaugurar um teatro. A peça de estreia, de autoria dele, era *A ver estrelas*, da qual participei da audição e passei. A peça ficou um ano e meio em cartaz e conseguimos levá-la para São Paulo, Curitiba e até para Portugal.

Um ano depois, em 1999, acabei largando a faculdade, porque a vida pessoal também começou a me cobrar. Eu me tornei pai, entre outras questões que acabaram me exigindo muito, e não consegui conciliar minha vida pessoal e meu trabalho com a faculdade. Então, continuei apenas trabalhando.

Foi aí que, num momento em que eu estava fazendo três peças ao mesmo tempo, uma coisa estranha aconteceu: eu estava andando na rua, de madrugada, e fui atacado por uma pessoa com um pedaço de pau. Acabei quebrando o braço nesse acidente e tive que sair de duas peças.

Nesse meio-tempo, fui convidado pelo João Falcão para fazer a peça *A máquina*, que seria ensaiada no Rio de Janeiro – que eu não conhecia até então – e estrearia em Recife, de onde circularíamos para outras cidades. Topei fazer e fui para o Rio de Janeiro, ainda com o braço engessado e com pontos na cabeça, para começar os ensaios. A peça estreou no início de 2000. Acabou sendo um trabalho muito forte, muito potente, e todos os envolvidos percebemos que seria um grande marco nas nossas carreiras. Independentemente do que fizéssemos depois, a peça seria um marco, até porque ela nos tirou das nossas cidades. Junto comigo, faziam parte do elenco o Lázaro Ramos, o Wagner Moura, o Gustavo Falcão e a Karina Falcão, além do Felipe Khoury, que era o *stand-in*, ou seja, que substituía alguém do elenco masculino caso a gente não pudesse participar.

Em 2000, circulamos muito com essa peça e, em 2001, fomos fazer uma temporada de seis meses no Rio de Janeiro, no teatro Casa Grande. A partir daí, todos nós do elenco passamos a trabalhar em inúmeras coisas. Os mercados carioca e nacional começaram a se abrir pra gente, então passamos a fazer cinema, televisão e outras peças que foram surgindo. Ainda em 2001, entrei para a novela *Porto dos Milagres*, com direção de elenco da Ciça Castello. Na época dos testes, eu estava de férias da peça *A máquina*, em Salvador, e fui levado para o Rio de Janeiro apenas para isso. O que me marcou, porque ser pago para fazer um teste numa outra cidade, pegar um avião para isso, era uma coisa surpreendente. Acabou dando certo, a novela foi superbem. Para mim, também foi uma estreia muito boa na televisão, e a partir dali surgiram outras novelas: em 2002, fiz *Coração de estudante*; em 2003, fiz *Kubanacan*; em 2004 e 2005, fiz *Começar de novo*; e em 2005 e 2006, fiz *Belíssima*.

Paralelamente, em 2002, fiz só duas peças: *Um pelo outro*, com direção de André Paes Leme, e *Mamãe não pode saber*, com direção de João Falcão, com a qual também ficamos mais de um ano em cartaz, eventualmente viajando com ela.

Em 2006, entrei numa crise. Eu havia feito cinco novelas ao longo de cinco anos e estava há três anos sem fazer teatro. Logo eu, que havia feito cerca de dezoito peças ao longo de quase dez anos em Salvador. Parar de repente, emendando uma novela na outra, me deu a sensação de que eu estava perdendo o ímpeto, o foco, de que estava indo mal no meu trabalho. Então, comecei a negar convites para novelas e séries.

Depois que neguei o quarto convite, fui chamado para uma reunião na Globo, pois nessa época eu já era contratado. Eu falei que vinha negando porque estava em crise com a qualidade do meu trabalho e eles contra-argumentaram, justificando que, se meu trabalho estivesse realmente ruim, eu não estaria sendo chamado. Eu me lembro muito bem desse diálogo, de ter dito que talvez eu estivesse trabalhando com qualidade suficiente para que os convites surgissem, mas que não era a qualidade que eu exigia de mim, que eu me cobrava. Sentia que estava me tornando um ator mais mecânico, que estava perdido ali. Em 2005, eu tinha participado da adaptação das peças *A máquina* e *Fica comigo esta noite* para o cinema, ambas dirigidas pelo João Falcão. Esse período de crise também foi um momento que me fez sentir um desejo maior de fazer mais cinema, um desejo de voltar ao teatro e de fazer um trabalho de mais qualidade na televisão.

Nessa conversa com a Globo, concluí que eu deveria suspender meu contrato para tirar um período sabático, para tentar me reencontrar um pouco. Esse momento foi importante porque, de alguma forma, me fez voltar a tomar as rédeas da minha carreira. Em vez de ser escolhido, então, eu passei a escolher.

***

Com os canais que temos disponíveis hoje, não há desculpas para não nos mantermos informados, atualizados e inseridos nos mercados que nos interessam. Independentemente de onde estivermos, podemos participar de grupos e fóruns, acompanhar artistas, diretores e diretores de elenco nas redes sociais, disponibilizar portfólios e *self-tapes* nas plataformas de recrutamento e usar a internet para divulgar e apresentar nosso trabalho. No contexto do mercado regional, existem ainda o cinema, o teatro e outros canais locais que, em sua maioria, priorizam artistas e profissionais locais. Às vezes, focamos tanto nosso olhar para um só lugar que não vemos o que está mais perto, ao nosso alcance. Pensamos nas grandes produções e nas grandes emissoras, nos esquecendo do que está sendo feito do nosso lado e que, talvez, seja mais enriquecedor, nos trazendo experiência e um portfólio autêntico para apresentar.

Vejo também, de maneira mais coletiva no mercado regional, cidades que conseguiram potencializar o próprio DNA, emergindo como fortes potências culturais. Curitiba é um desses exemplos, palco do Festival de Teatro de Curitiba, um dos mais importantes do gênero no Brasil. Brasília também, com o cinema. Em escala maior, temos os estados de Pernambuco e Ceará, que construíram um mercado cinematográfico tão sólido que conquistou reconhecimento global, como o do Festival Internacional de Cinema de Berlim e do Festival de Cannes.

Como diretora de elenco, sou grande incentivadora desse movimento, que me instiga a descobrir novos atores e atrizes, novas maneiras de atuar e novas histórias para contar em diferentes cores, sotaques e raízes. Tudo isso traz mais verdade, mais identidade às produções.

Inês Peixoto, atriz e integrante do Grupo Galpão

Sobre a minha travessia, parafraseando um pouco Belchior, sou apenas uma moça latino-americana, sem dinheiro no bolso, sem parentes importantes e nascida artista fora do eixo Rio-São Paulo. Em 1981, decidi assumir esse ofício e viver da arte. Na época, tomar essa decisão morando em Belo Horizonte era ter a certeza de que, mais dia, menos dia, seria preciso mudar para o Rio de Janeiro ou para São Paulo. Depois de estudar no Teatro Universitário da Universidade Federal de Minas Gerais (TU/UFMG) e no Centro de Formação Artística e Tecnológica (CEFART) da Fundação Clóvis Salgado, passei a integrar elencos de produções realizadas em Belo Horizonte, por meio dos quais produzi espetáculos e viajei por Minas Gerais e por outros estados do Brasil. Cheguei a fazer alguns cursos e oficinas no Rio de Janeiro e em São Paulo, mas não me movimentei para mudar para essas cidades. Em Minas, eu tinha minha família (fui mãe aos 23 anos), tinha meus amigos e sempre estava engajada em algum projeto de teatro. O cinema e a televisão eram sonhos inacessíveis para artistas que permaneciam em Belo Horizonte, então optei por viver de teatro, pensando que era mais importante estar ativa na minha cidade do que sofrendo por oportunidades em lugares que eu admirava, mas onde teria que começar do zero. Assim, trabalhei durante dez anos em produções independentes, fiz parte da banda performática Veludo Cotelê e tive poucas experiências no cinema. Mesmo assim, estava sempre atenta às oportunidades de oficinas, que eram mais escassas na época.

Em 1992, depois de participar de *workshops* de teatro promovidos pelo Grupo Galpão, fui convidada para o trabalho seguinte do grupo, com direção de Gabriel Villela. Felizmente meu destino cruzou com o dessa trupe magnífica, na qual encontrei uma verdadeira família. O projeto artístico do Galpão se caracteriza pela pesquisa, pela diversidade de linguagem, pelo trânsito entre a rua e o palco, pela descentralização do acesso à arte e pela participação em festivais de teatro no Brasil e no mundo. Foi um mergulho no fazer coletivo, em que cada processo criativo representa um momento de grande crescimento para todos nós, como pessoas e artistas.

Por meio das viagens com o Galpão, tive contato com muitos artistas de diversas partes do Brasil, e em 2005 a oportunidade de trabalhar na televisão surgiu pelas mãos de Luiz Fernando Carvalho. Inesperadamente, fui chamada para um teste no Rio de Janeiro e convidada para fazer a minissérie *Hoje é dia de Maria*. A partir daí, fiz outros trabalhos na televisão, entre eles as novelas *Além do tempo* e *O sétimo guardião*, com direção de Rogério Gomes, e a série *A cura*, com direção de Ricardo Waddington e Gustavo Fernandez. Também tive bonitas experiências no cinema, como os filmes *Todas as tardes* e *Till, a saga de um herói torto*.

Eu estava sempre tentando conciliar minha agenda do Galpão com esses convites do audiovisual, porque adoro experimentar. Amo o cinema e acho a oportunidade de trabalhar na televisão muito importante para os atores. Dessa forma, algumas vezes consegui conciliar, outras tive de abrir mão de alguma coisa, mas fui fazendo escolhas e assumindo os riscos.

Entre os anos 2000 e 2016, vivemos um período precioso de políticas públicas para o fomento da cultura e da arte, o que ampliou o acesso à formação e a circulação da produção no país. Esse investimento foi importante para a valorização da diversidade artística nacional, pois cada região do Brasil é um tesouro de referências culturais e históricas. Isso trouxe visibilidade para a potência criativa do país: com os recursos distribuídos, várias experiências ganharam visibilidade nacional. Era como se o Brasil passasse a conhecer melhor o Brasil por meio do grande fluxo de festivais de teatro, cinema, música e dança. Produções nacionais encantaram e lotaram plateias, num intercâmbio de arte pelas regiões.

A importância de entender o potencial das nossas origens, da nossa história de vida, ficou de herança. Hoje, poder viver na minha cidade e estar conectada com as minhas raízes me faz muito bem. Sinto meus pés no chão e tento transformar minhas vivências em processos criativos que ampliem minha visão de mundo. Acho que cada pessoa é uma coragem e uma luta, e o mais importante, ficando ou saindo da cidade natal, é conservar a dignidade e exigir respeito pela profissão artista.

O mercado digital

Quando a internet se estabeleceu em nossas vidas, abriram-se diversas possibilidades de produções independentes e, consequentemente, de novas maneiras de monetizar. As pessoas começaram a entender que o universo digital é um terreno fértil não apenas para "conteúdos reais", que retratam a vida cotidiana, mas também para a dramaturgia. A partir da década de 2010, muitos produtores de conteúdo despontaram em diversas plataformas on-line, e muitos profissionais do humor entenderam que esses veículos podiam ser ferramentas poderosas para suas produções. Pode-se dizer que começaram de uma maneira bem "guerrilha": sem verba alguma, com cenários caseiros e figurinos improvisados, mas sempre com muita criatividade, o que deu origem a maneiras originais e inovadoras de se produzir. Hoje, a produção de conteúdo digital ganhou uma dimensão e uma força produtiva e de ganhos bem robustas.

Particularmente, acredito que a internet e a tecnologia nos permitem ser produtores de nossas próprias histórias, encontrar nichos que se interessam pelos mesmos assuntos que nós e fidelizar nosso público, criando uma comunidade engajada e comprometida com o que buscamos divulgar. Nesse sentido, os canais digitais se revelaram ótimas ferramentas para atores e atrizes que buscam criar os próprios conteúdos, abrindo possibilidades não apenas de divulgar trabalhos mais pessoais, mas também de se criar um grande cartão de visitas, acessível de qualquer lugar do mundo, para outras produções. Afinal, quanto mais produzimos, mais somos vistos e lembrados.

Marcelo Laham, ator e criador do canal *Embrulha pra viagem*

Vou contar primeiro como pintou a ideia do canal para depois falar de datas, precisamente. Eu estava fazendo uma peça de teatro com o Mauricio de Barros, chamada *Cais ou da indiferença das embarcações*, com direção do Kiko Marques. Convivíamos muito, tivemos muito tempo de temporada, e a gente sabia que tinha humores diferentes um do outro, mas que se comunicavam. A gente achava que devia fazer alguma coisa no audiovisual e, obviamente, o *Porta dos fundos* abriu um caminho para vários grupos entenderem que a internet era uma possibilidade viável.

Em paralelo a isso, durante a temporada de *Cais*, o Willians Mezzacapa, nosso terceiro sócio (somos quatro ao todo), substituiu o Barros bem numa época de viagens. Nós viajamos juntos, dividimos o mesmo quarto, e bastaram três dias para eu entender que ele também era um cara de um humor sofisticado, uma rapidez no raciocínio. Pensei: "Cara, eu quero fazer alguma coisa com ele". Pensamos em peça, em tudo, e depois, mais pra frente, tivemos a ideia de unir tudo isso, de juntar com o Barros e fazer alguma coisa na internet, criar esquetes.

Isso se concretizou em 2015. Em setembro daquele ano, sentamos no Habib's ali da rua Augusta, em São Paulo, que foi nosso escritório durante muitas e muitas semanas. Nós nos reuníamos lá, discutíamos ideias e argumentos, cada um trazendo um texto ou escrevendo juntos, tentando entender os caminhos.

Também nos reuníamos com uma ou outra pessoa do audiovisual para ver o que podia ser feito ou não. Precisávamos de um diretor de fotografia, então fizemos uma imensa pesquisa de campo, conversamos com algumas pessoas, convidamos outras, sempre tentando afinar. Tínhamos que ter as mesmas ideias alinhadas, os mesmos objetivos, e nessa pesquisa fomos percebendo que algumas pessoas não se encaixavam nesse quarteto, por diferenças de personalidade. Até que conseguimos chamar o Philip Silveira, que é nosso diretor de fotografia, maravilhoso! O Philip não tinha experiência no audiovisual, era um cara que fazia fotografias lindas para casamentos, que filmava casamentos de um jeito muito especial. Ele também tinha feito uma experiência com um grupo de internet, da qual saíram um ou dois vídeos, que a gente assistiu e falou: "Cara, pode dar caldo". O trabalho dele nos vídeos era de uma qualidade inacreditável. Então, reunimos esse quarto elemento. Ao final, éramos eu, o Mauricio de Barros, o Willians Mezzacapa e o Philip Silveira.

Nós começamos, então, a tentar entender, com as pessoas e com o meio, como se cria um canal, como se posta, como se produz. Procuramos assessoria, mas não tínhamos quase grana nenhuma. Cada um botou, do próprio bolso, um pouco de dinheiro para arriscar no empreendimento, e aí partimos para fazer o canal. Foram muitos tombos no caminho, muita luta, mas também muitos acertos. Só para se ter uma ideia em termos de datas, nossa primeira reunião foi em setembro de 2015, e em setembro de 2016, exatamente um ano depois, nós já tínhamos colocado o canal no ar. Em 2024, o canal alcançou mais de 900 mil inscritos e mais de mil vídeos postados.

E como funciona a dinâmica do grupo? Bem, eu, o Barros e o Will escrevemos os roteiros, na maioria das vezes separados, mas sempre precisamos da aprovação uns dos outros para seguir com a produção. O

Philip não palpita nos roteiros e a gente não palpita na fotografia. Quer dizer, nós dirigimos os atores e a fotografia, mas quem cuida da luz e de todo o resto é o Philip. Ele também faz a edição, na qual damos palpites no final para afinar, para deixar os cortes mais rápidos e tal. Com a experiência, também chegamos à conclusão de que quem escreve a cena tem prioridade para dirigi-la, para facilitar o esquema. Estamos cada vez mais alinhados nisso.

No geral, percebemos que a produção de conteúdo digital é um caminho difícil. Tirando o Will, que é mais novo, nós somos de uma geração que já está na faixa dos 50 anos. Estamos nos reinventando na internet, que é um lugar essencialmente jovem! Muitos amigos da minha faixa etária adoram nossos vídeos, mas não sabem nem como se inscrever no canal. Mesmo assim, a gente atinge um público vasto, de 25 a 45 anos, o que acaba acrescentando bastante.

O que mais nos motivou a criar o canal foi a possibilidade de uma independência artística: poder fazer o personagem que eu quiser, escrever um texto que não está em um filme, em uma novela, um texto que seja meu. Tem várias situações nos episódios, de temas políticos ou não, que dizem respeito a uma experiência de cada um especificamente. A paródia que eu fiz lá no começo, por exemplo, intitulada *Eu não te conheço*, não tem nada de político; é uma coisa pessoal minha. Eu fazia novela, mas não sou famoso. Então, muitas pessoas me encontravam na rua e me reconheciam, mas achavam que eu era alguém com quem elas tinham trabalhado, ou que era primo de alguém... Isso foi uma piada interna por muitos anos, e então, quando surgiu o canal, pensei: "Cara, vou fazer uma coisa sobre isso". Aí, surgiu a ideia da paródia. E esse é um vídeo supercompartilhado pela classe artística, porque gera muita identificação.

Então, muitas ideias do canal vêm de experiências pessoais. Cada um diz o que gostaria de dizer, e acho que esse é o maior exercício pra gente, que acabou se transformando num baita aprendizado de direção, de produção de roteiro – eu, por exemplo, tinha muitas ideias, mas não escrevia, não botava no papel –, de edição, de noção de corte, de velocidade e até de trabalho em grupo, porque você tem que administrar as diferenças, as vaidades, as brigas, as pequenas discussões, os espaços de cada um etc. Eu era um cara supermonopolizador, e hoje tem vídeo que vai ao ar que eu só aprovei o texto, mas nem participei, nem entrei no *set* de filmagem. No começo era uma briga, todo mundo dava palpite. Então, o canal foi uma escola dos mais variados aprendizados, tanto sociais como profissionais.

O mercado do `streaming`

Os serviços de *streaming* se estabeleceram no Brasil no início da década de 2010, revolucionando a forma como consumimos produções audiovisuais e abrindo oportunidades para diversos profissionais da área. Inicialmente, as plataformas de *streaming* se limitavam a disponibilizar conteúdos de outras produtoras, grande parte deles popularizados pelos canais por assinatura. Hoje, muitos desses serviços se destacam por conteúdos próprios, contando com uma rede de produção mais pluralizada.

O *streaming* é, sem dúvida, um mercado em constante expansão. Para os profissionais do audiovisual, as plataformas trazem possibilidades de trabalhos mais diversos e de internacionalização da carreira, já que as produções são disponibilizadas em vários países. Tanto no Brasil como no mundo, houve uma verdadeira quebra de fronteiras – basta ver o sucesso internacional das séries japonesas e coreanas, os chamados doramas e k-dramas, que explodiram no Brasil a partir de 2020.

A linguagem das plataformas também foi se modificando ao longo do tempo, tornando-se mais focada em séries com *plots* instigantes e ganchos finais que mantêm o espectador conectado por um, dois, três episódios e ansioso por mais temporadas. Uma linguagem entre a TV e o cinema, com muitos temas nichados para atender a diferentes públicos.

Na área de direção de elenco, o principal desafio é conseguir mesclar excelência e novidade. Ao mesmo tempo que a escalação deve estar a serviço da história, e não acima, é preciso pensar em talentos que tragam verdade e cativem o público a ponto de fazer com que escolham aquele título para assistir, que sintam vontade de maratonar os episódios, que acompanhem o lançamento das temporadas seguintes. Atores e atrizes que se interessam em atuar nessas produções devem considerar, portanto, se apresentar não só com uma linguagem que faça sentido para suas personagens, mas que os conecte com o perfil de consumidores dos serviços de *streaming*.

Hoje, acredito que o maior desafio dos *streamings* é produzir em grande escala e agradar tanto a um público local quanto conseguir fôlego para um alcance mundial. Ao mesmo tempo que temos o dever de valorizar o DNA nacional com novelas, melodramas e filmes que retratem a realidade brasileira, é preciso pensar em estratégias para internacionalizar essas produções. E para os talentos que estão se deparando com mais oportunidades de contratação, é preciso se profissionalizar, pensar na comunicação com produtores e público e criar um bom planejamento de *marketing* para sua persona artística.

Tainá Müller, atriz e apresentadora

Minha experiência com o *streaming* começou com uma percepção meio óbvia: as plataformas estavam iniciando um movimento de globalização dos conteúdos, similar ao que a globalização fez em outros setores da indústria e das produções. O *streaming* oferecia a possibilidade de criar algo que não se limitava a um único território, mas que fosse realmente global.

Na época, eu estava na Globo. Quando as plataformas chegaram ao Brasil, comecei a receber convites para trabalhos interessantes, que neguei por conta do contrato. Decidi, então, não renovar o contrato de longo prazo com a emissora. Optei por esse novo modelo de mercado porque achei que ficar presa a um estúdio não combinava com o cenário que estava se apresentando.

Foi nesse momento que surgiu o convite para a série *Bom dia, Verônica*, da Netflix, e a experiência foi a melhor possível. Fiquei muito grata por essa escolha, que não foi fácil, pois abdicar da segurança de um contrato fixo não é fácil. Venho de uma família sem dinheiro, sempre corri atrás de grana. Mas penso que, na carreira artística, é preciso correr riscos, senão você vira um funcionário público da arte e perde o ânimo criativo.

Verônica me trouxe um novo mundo. Hoje, sou conhecida em lugares que nunca imaginei. No festival de cinema South by Southwest (SXSW), nos Estados Unidos, encontrei um grupo de indianos que assistiu à *Verônica* em Portugal e me chamou para fazer uma série para a RTP Holanda. Ainda recebo mensagens de várias partes do mundo. Lembro, por exemplo, da revolta dos véus no Irã, quando fãs de *Verônica* pediram para ela lutar com as mulheres do país. Isso só foi possível graças à globalização e às plataformas.

Essa experiência me fez pensar mais globalmente. Eu já falava inglês e me dediquei mais ao idioma, além de começar a estudar espanhol. Também passei a fazer testes para produções dos Estados Unidos e da Europa, com a ajuda da minha agência em Portugal.

Hoje, vejo que os atores precisam estar prontos para trabalhar globalmente, como os europeus, que falam várias línguas e atuam em diversos mercados. Para atores brasileiros, essa é uma grande possibilidade. Temos a América Latina, o México, a Espanha e os Estados Unidos, este último um mercado bastante concorrido, mas que está abrindo espaço para brasileiros. Portugal, apesar de menor, nos acolhe muito bem. Minha dica para qualquer ator ou atriz é: aprenda bem espanhol e inglês.

O mercado musical

A partir de 2000, o teatro passou por uma grande mudança com a chegada dos musicais da Broadway ao Brasil. Além de geração de empregos, também se impulsionou a produção de musicais nacionais, incluindo espetáculos sobre artistas como Tim Maia, Cazuza, Elis Regina, Cássia Eller, entre outros.

Com produções e orçamentos maiores, veio a necessidade de profissionalização e especialização por parte dos artistas: o mercado musical exige uma formação bastante técnica não só em teatro, mas também em canto e dança. A escalação também está completamente ligada à técnica, principalmente em adaptações de espetáculos estrangeiros, que precisam ser fiéis à qualidade original, incluindo detalhes como caracterização, timbre de voz e coreografias.

Entre 2018 e 2022, o mercado enfrentou muitos desafios, consequência da falta de incentivo à cultura e da diminuição da verba destinada às produções, o que comprometeu enormemente o número de espetáculos produzidos no país. Felizmente, o setor vem se recuperando aos poucos, retomando as adaptações de espetáculos internacionais, como *A noviça rebelde* e *Elvis: A Musical Revolution*, e a produção de nacionais, como *Rita Lee: uma autobiografia musical* e *Clara Nunes: a tal guerreira*. Em 2023, o país já havia se consolidado como o terceiro maior produtor de musicais do mundo, atrás apenas dos grandes polos das cidades de Nova York e Londres.

O trabalho com os artistas

Atendimento e assessoria

A ideia de trabalhar com atendimento e assessoria artística começou com uma história de me comunicar com atores e atrizes pelas redes sociais. Estávamos sempre trocando ideias, compartilhando experiências e fazendo pesquisas e enquetes sobre diversos assuntos, o que se revelou um exercício muito rico para pensar como trazer minha contribuição para o meio artístico, como transmitir o que tenho aprendido ao longo da minha trajetória profissional. Inicialmente, pensei em fazer um *workshop*, mas acabei entendendo que esse não era o formato ideal para o alcance e o efeito que eu buscava. Então, dei início ao atendimento: um trabalho individual, de orientação sobre o mercado para cada ator e atriz, com o objetivo de ajudá-los a traçar suas identidades e seus caminhos artísticos.

O primeiro passo do trabalho de atendimento é questionar os atores sobre o tipo de produção que desejam fazer. Normalmente, a resposta é bem pomposa: "Quero atuar em filmes e séries!". No entanto, quando pergunto qual filme ou série nacionais os fizeram querer trabalhar com audiovisual no Brasil, poucos têm uma resposta. Poucos conhecem o mercado, os gêneros, as linguagens, os diretores, os produtores e os realizadores consolidados ou mesmo os que estão despontando. Então, faço um caminho diferente com cada ator e atriz para tentar mapear suas trajetórias individuais. Afinal, o mercado é diferente para cada um, pois cada um tem formações, experiências e objetivos diferentes.

Geralmente, os artistas chegam até mim focados em apenas conseguir um teste, mas como fazê-lo com um currículo-padrão, com fotos-padrão, com um *videobook*-padrão? Nesse mercado, é preciso saber o que se deseja e perseguir o desejo, criar oportunidades para realizá-lo. Sempre digo que o artista pode estar *à disposição* do mercado, mas nunca *à espera* do mercado. Sei como as chances são difíceis, levando os atores a acreditar que não podem escolher, que não podem dizer não, que têm de estar sempre a postos. Mas, ao se sentir perdido, é importante se perguntar o que você planejou quando resolveu seguir carreira no audiovisual ou nas artes cênicas, o que fez você tomar essa decisão, quem você deseja ser artisticamente, que mercado lhe convém. A maior parte dos atores tem pouca consciência de sua carreira e do que é possível fazer por ela, e esse conhecimento é o ponto de partida na construção de uma identidade artística.

Encontrar a linguagem, o gênero ou o mercado com o qual nos identificamos é libertador, nos direciona e nos faz mais fortes. Não faz sentido, por exemplo, gastar energia, tempo e dinheiro com um *videobook* se você não quer atuar na televisão, nem investir em aulas de canto e dança se seu objetivo não é trabalhar em musicais. Em vez disso, pesquise o que o completa profissionalmente e invista em especializações. Tenha em mente que artistas que desenvolvem e potencializam seu talento e sua *expertise* se destacam, ganham espaço e abrem portas até mesmo para circular por outros meios e linguagens.

Ainda que você queira fazer mais de uma coisa ao mesmo tempo, que busque transitar por diferentes meios e ampliar suas possibilidades profissionais, não se esqueça de sempre buscar o seu diferencial. Um bom exercício é pensar o que você tem que faria um produtor ou um diretor escolher você para um papel, o que faz de você alguém único na multidão. A resposta pode ser uma ou várias; o importante é trabalhar para potencializar essas características. Afinal, quando atiramos para todos os lados, corremos o risco de esperar que o mercado nos diga quem somos, de derrapar no mesmo lugar, de bater sempre na mesma tecla, de nos moldarmos para o que os outros dizem ser o certo. No audiovisual, no entanto, o certo é tentar, errar e tentar de novo. Não há fórmulas nem padrões absolutos; o seu jeito de fazer é o que dirá ao mercado quem você é.

Antonio Grassi, ator, diretor e gestor cultural

A forma como aconteceu, na minha vida, de eu conseguir gerenciar minha carreira, de conseguir conciliar todos os meus interesses e trabalhos e a própria maneira como venho conduzindo tudo isso tem muito a ver com o jeito que eu comecei a trabalhar lá no início.

Eu vivia em Minas Gerais quando comecei a fazer teatro, numa época muito agitada politicamente, durante a ditadura militar, e eu estava muito envolvido com o movimento estudantil. Eu estudava em uma escola muito politizada, o Colégio Estadual Central, em Belo Horizonte, de onde saíram várias lideranças políticas, como a Dilma Rousseff, o Fernando Pimentel, entre outras. Nesse momento, as discussões que a gente tinha no teatro não eram só sobre o fazer artístico. Eu me lembro de ter assistido a uma peça do Teatro Oficina, uma adaptação de *Na selva das cidades*, do Bertolt Brecht. Era uma peça artisticamente muito poderosa e, ao mesmo tempo, uma discussão política. Nessa época, o foco não estava só em fazer arte, não estava só na arte de representar: estava no papel que a gente de fato ocupava diante das coisas. Logo quando comecei a fazer teatro, me lembro de uma conversa com o Plínio Marcos, que já era um autor muito consagrado por causa da peça *Navalha na carne*, que a Tônia Carrero montou. Ele era um personagem engajado nessa época, e a gente teve muitas conversas sobre o fazer teatral. Uma das coisas que ele falava nesse momento era que "o teatro é uma tribuna livre para se debater os problemas do homem". Então, o teatro não era só um lugar de deleite, e minha formação foi muito entremeada com isso.

Mais tarde, após o período da ditadura, eu comecei a me preocupar mais com as questões teatrais de fato. Era um momento em que estavam emergindo muitos movimentos do teatro independente, como o grupo Asdrúbal Trouxe o Trombone, do Rio de Janeiro, e os grupos Pessoal do Victor e Teatro do Ornitorrinco (este último do Cacá Rosset), de

São Paulo. Enfim, havia muitas companhias fazendo teatro num formato de produção em que os atores não eram só atores, mas também produtores; eles ocupavam o palco e os bastidores. Em Minas Gerais, eu também tinha o meu grupo de teatro, o Carne e Osso. A gente seguia esse mesmo formato independente, produzindo e se produzindo. Então eu, durante muitos anos da minha formação teatral, não tive patrão, não tive produtor.

A experiência de ser contratado só me aconteceu bem depois, quando a Dina Sfat me contratou para fazer um trabalho com ela. Mesmo assim, era um tipo de contrato em que os atores ganhavam um percentual de bilheteria, ou seja, também era um formato cooperativado. Antes disso, eu tinha trabalhado no Rio de Janeiro com o grupo Pessoal do Cabaré, junto com o Buza Ferraz. A gente montou um espetáculo chamado *Poleiro dos anjos*, uma criação do grupo em cima de um texto do Buza. Com esse espetáculo, viajamos pelo Brasil inteiro, ainda nesse formato de estarmos em cena e, ao mesmo tempo, cuidando da bilheteria. Eu me lembro que havia um revezamento: quem não estava em cena, estava fechando o borderô. O pessoal que fazia a parte técnica – na época, o sonoplasta era o Maneco Quinderé e o iluminador era o Luiz Paulo Nenen – também fechava a bilheteria, porque estava lá na cabine… Enfim, havia um rodízio, e cada hora ia um. A gente também cuidava da divulgação. Quando tinha alguma viagem, íamos antes para as cidades, normalmente eu e o Buza, para fazer todo o esquema de distribuir filipetas nas escolas. Dessa forma, foi se dando a minha formação.

Eu fui fazer televisão depois de muito tempo, porque os atores de teatro da minha geração tinham muito preconceito com a televisão naquela época, e eu tinha também. Achava que nunca na minha vida eu "me venderia" para a Globo, por exemplo. Coisas da idade, né? E eu me lembro de um momento muito marcante na minha vida nesse período. Eu estava assistindo à novela *Guerra dos sexos*, com a Fernanda Montenegro e o Paulo Autran, e houve uma cena em que um jogava bolo na cara do outro. Eu tinha um pavor enorme desse tipo de cena, desse humor pastelão, mas, quando vi que era a Fernanda Montenegro, maior nome do teatro brasileiro, e o Paulo Autran, outro grande nome do teatro brasileiro, que estavam fazendo aquilo, eu pensei: "Caramba! Realmente, tudo é possível na televisão agora!".

Quando comecei a trabalhar na televisão, foi uma coisa muito assustadora, pois a gente mal lia o texto e já estava gravando, mal acabava de gravar e já estava pronto. Era uma velocidade, uma rapidez muito louca, que consumia a cabeça. Eu tinha muita dificuldade de me enquadrar, sofria com aquilo. Sentia que era um processo que me desgastava só de estar dentro dele. Normalmente, no teatro, eu nunca me dedicava a decorar o texto; ele vinha espontaneamente, durante o processo de trabalho. Você vai estudando, vai vendo as marcações, até chegar a hora que o texto está decorado.

Na televisão, você não tem tempo para isso, então eu "sambava" demais. Até hoje, na verdade, tenho dificuldade com esse ritmo de produção.

O que me amparava nesse momento, o que me nutria era o fato de ter o teatro acontecendo em paralelo. Fazer uma novela e uma peça ao mesmo tempo era muito cansativo, mas equilibrava as coisas. Ficar só na televisão me dava a sensação de que eu estava ficando meio burro, meio desidratado intelectualmente e espiritualmente. Então, começou a ficar muito claro para mim que era fundamental que eu tivesse outros projetos além da televisão.

É claro que, às vezes, eu sofria muito com isso. Quando fiz a novela *O salvador da pátria*, por exemplo, chegou um momento em que a gente precisou gravar em Vassouras, interior do Rio de Janeiro. Nesse mesmo período, eu estava fazendo uma temporada da peça *O amigo da onça* em Santos, interior de São Paulo. Eu me lembro de pegar um carro de Vassouras até o Aeroporto Santos Dumont, na capital do Rio, e voar para o Aeroporto de Congonhas, na capital de São Paulo. Lá, havia outro carro esperando para me levar ao teatro do Sesc, em Santos. A gente ia se maquiando dentro do carro, porque chegava no teatro já na hora de subir no palco.

Mesmo com esse desgaste louco, essa foi a forma que encontrei para me manter equilibrado. Achava isso mais estimulante do que as experiências que tive, que foram poucas, em que fiquei exclusivamente por conta da televisão. Me lembro de outros atores com quem contracenei que tinham esse mesmo modelo de trabalho. O Antonio Fagundes estava sempre com uma peça em cartaz, tanto que até combinou o contrato dele com a Globo de forma que, ainda que ele fosse o protagonista de uma produção, o que mais gravava, ele tinha alguns dias liberados para fazer teatro. É claro que esse é um exemplo raro, porque o Fagundes é um prodígio em todos os sentidos, principalmente pelo fato de ele não ter nenhum problema para decorar o texto. Ele não decora, vai na hora e faz. É uma coisa impressionante.

Então aconteceu, mais tarde, de eu me dedicar muito a outras questões. A veia política continuava em mim, e participei da elaboração de vários programas de cultura e programas partidários. Essas articulações aconteciam paralelamente ao meu trabalho de ator. Para mim, era muito importante que fosse assim no início, mas então comecei a me dedicar mais e a me aprofundar em discussões sobre políticas públicas, especialmente em gestão cultural. Um tempo depois, fui secretário de Cultura no Rio de Janeiro, presidente do Teatro Municipal e presidente da Funarte, o que me levou a vários outros projetos muito estimulantes.

Mais uma vez, essa história de estar em várias funções prejudicou, de certa forma, a evolução da minha carreira como um todo. Em certos momentos, minha dedicação pendia mais para um lado do que para o outro, e eu precisava estar sempre em busca de equilíbrio. Hoje, o fato de estar mais maduro, de não ter essa pulsão tão frenética de ser bem-sucedido na carreira, de não estar disponível para todos os trabalhos que me oferecem, me permite viver mais tranquilamente. Eu consigo obter mais prazer do trabalho artístico e, imagino, até um desempenho melhor, porque agora já alcancei um equilíbrio.

Acredito que eu cheguei num estágio em que ficou mais fácil conciliar as coisas, de manter um equilíbrio até nas escolhas. O fato de não estar exclusivamente dedicado a uma atividade permite se ter mais clareza em relação às próprias escolhas profissionais, porque você pode escolher melhor o que faz se não estiver dependente exclusivamente da profissão, da questão econômica.

Agenciamento

Quando falamos em mercado artístico e cultural, uma figura sempre presente no imaginário coletivo é a do agente. No contexto do audiovisual no Brasil, esses profissionais começaram a surgir para atender, principalmente, atores e atrizes que eram bem-sucedidos na Rede Globo. Hoje, o agenciamento vem se reformulando para acompanhar as mudanças e demandas do mercado – e há um grande motivo para isso.

Mas vamos começar do começo. Até os anos 2000, não existia a necessidade de buscar novos talentos no mercado para apresentar aos diretores e produtores envolvidos nas produções da Globo, pois a própria emissora já cuidava disso. A empresa fazia questão de manter uma relação direta com seus talentos, eliminando tanto as possibilidades de se fechar contratos com agentes ou empresários quanto as de agentes apresentarem profissionais para novos trabalhos. Nessa época, os escritórios de agenciamento cuidavam da carreira do artista fora da televisão, fechando contratos publicitários, eventos, desfiles, festas de debutantes, noites de autógrafos, entre outros. Com a expansão do olhar sobre a escalação e a ampliação do mercado audiovisual e cênico, essa relação foi se transformando e ganhando outra importância: os escritórios começaram a participar mais ativamente da carreira de seus agenciados, pensando em planos de carreira, envolvendo-se em projetos e negociando contratos com a televisão, o cinema e as plataformas de *streaming*.

Existem também agências publicitárias que trabalham com atores, ainda que não obrigatoriamente; na publicidade, é possível formar elencos com modelos ou pessoas que não atuam no meio artístico, mas que de alguma forma se relacionam ao assunto abordado em determinado trabalho. No entanto, se antes as agências publicitárias buscavam talentos para compor um grande banco de dados a fim de atender aos perfis variados dos clientes, oferecendo trabalhos sem exclusividade aos agenciados, de uns tempos para cá elas começaram a entender as novas demandas do mercado e abriram seus departamentos de artistas para testes em dramaturgia.

Todas essas possibilidades de escalação em diferentes âmbitos e para um maior número de produções fizeram surgir novos escritórios em busca de talentos ainda desconhecidos. Muitas agências estabelecidas também começaram a se adaptar e a mudar o DNA de seus *castings*, buscando novos rostos e novas formas de se atuar. Pessoalmente, acredito que muitas agências com essa abordagem ainda surgirão, pois não temos no Brasil uma rede de agenciamento capaz de atender a todos os artistas que adentram o mercado anualmente. Ainda operamos em um modelo muito diferente dos Estados Unidos, por exemplo, onde artistas recém-formados fazem uma apresentação (*showcase*) para os agentes, que então selecionam com quem querem trabalhar. Nesse contexto, um artista dificilmente adentrará o mercado se não for representado por uma agência. No Brasil, ainda estamos longe disso.

Em geral, acredito que vale ser representado por um escritório de agenciamento se o artista concorda com a maneira de trabalhar daqueles profissionais e se eles se mostram capazes de defender seus interesses. O que vem acontecendo neste momento, no entanto, é que alguns diretores de elenco preferem tratar diretamente com agências, o que faz com que muitos atores e atrizes em busca de trabalho indiquem agentes com quem não têm uma relação real de exclusividade e comprometimento. Sem essa proximidade entre as partes, o trabalho se torna burocrático, e o agente, sem conhecer bem o talento, servirá apenas para intermediar o contato com a produção, muitas vezes não se preocupando em se comunicar ou em desenvolver a carreira do agenciado. Não raro, sequer há *feedbacks* sobre os testes feitos, e, quando há, as informações podem chegar incompletas, dificultando a preparação do artista para o trabalho. Esse molde pode funcionar bem para a publicidade, que busca perfis para trabalhos rápidos, sem necessariamente se atentar às sutilezas que exigem a escalação para a dramaturgia.

Por outro lado, o agenciamento pode trazer ótimos resultados nos mercados audiovisual e cênico quando há comprometimento entre as partes, ou seja, quando o agente acredita no trabalho do agenciado. Bons agentes conseguem criar uma identidade para seus escritórios a partir de uma curadoria cuidadosa, que considera não só o perfil do artista, mas também sua forma de trabalhar. Dessa forma, quando um diretor de elenco for em busca de talentos para um *casting*, ele saberá que tipo de artista encontrará naquela agência, ainda que não conheça todos os seus agenciados.

Por fim, aos atores e atrizes agenciados ou que estão em busca de agenciamento, lembrem-se de que a boa comunicação com o agente é essencial para definir objetivos e traçar estratégias eficientes para alcançá-los. Não limite seu caminho para se enquadrar em determinado perfil ou agência; o que fará a diferença na contratação é apresentar um trabalho sério, que o represente e o faça se destacar. Nesse mercado, reconhecer e explorar seus pontos fortes é a chave para desenvolver um perfil autêntico, e somente um agente que acredite no seu potencial poderá ajudá-lo a colher bons frutos profissionais.

Vânia de Brito, atriz e agente

A Barnabé Agenciados tem mais de quinze anos de mercado. Começamos no Rio de Janeiro, no Leblon, e acredito que deu certo porque sempre tive esse olhar para a formação de atores. Sempre fui muito curiosa, e, quando conversava com os amigos da área, me interessava em saber a trajetória e a formação de cada um.

Eu me lembro de ir muito ao teatro, e as pessoas sempre me pediam coisas como: "Vânia, me indica para essa série, para essa peça de publicidade, para isso, para aquilo". Mesmo antes de abrir um escritório de agenciamento, eu estava sempre indicando pessoas do teatro para algum trabalho. Fazia isso naturalmente, tinha esse olhar para encontrar atores que não estavam no mercado, que não estavam na mídia. Até que um belo dia alguém disse que eu daria uma boa agente, justamente por conta de ter esse olhar sensível, de conhecer os atores. E aí eu comecei a trabalhar com agenciamento.

Nessa época, eu tinha ido para Nova York, e, quando voltei, queria mudar minha vida. Não queria ficar tão refém da carreira de atriz, além de achar que eu poderia ajudar muitas pessoas com o trabalho de agenciamento. Queria aquecer um pouco o mercado e dar às pessoas a oportunidade que eu não tive quando me formei. Quando saí da escola de teatro, eu tinha aquela paixão, mas não tinha direcionamento, não tinha agente.

A Argentina foi um dos primeiros países próximos a trabalhar com agenciamento. No Brasil, acho que o Zeca Vitorino foi um dos primeiros. Depois, eu também entrei na área, e foi como provar uma boa cachaça: me apaixonei completamente. Tanto que fiquei muitos anos sem trabalhar como atriz e lancei muita gente no mercado. O Juliano Cazarré, por exemplo, eu descobri no teatro, na peça *Adubo*, que ele fez com um grupo de Brasília. Quando conheci o Rodrigo Pandolfo, ele era recém-formado na CAL (Casa das Artes de Laranjeiras), e acompanhei a segunda formação dele, que foi pela Universidade da Cidade (antigo Centro Universitário da Cidade). O Paulo Gustavo, com quem trabalhei durante cinco anos, era ator de teatro, e fui eu quem fez o primeiro contrato dele com o *Sítio do Picapau Amarelo*. O Júlio Andrade já era do meio, já tinha mais de vinte e oito curtas e algumas participações em filmes, mas vi nele um potencial incrível, um ator fantástico, e fechei o primeiro contrato de longo prazo dele para novelas e séries. Depois disso descobri Bruna Linzmeyer, Fabrício Belsoff, e fui me apaixonando cada vez mais por esse trabalho.

Eu vejo a importância do agenciamento e do direcionamento artístico porque, às vezes, os atores gastam dinheiro com *workshops* que não contribuem para suas carreiras, porque o tempo é muito curto. Em um final de semana, você não tem tempo de conhecer o ator, assim como o ator não tem tempo de conhecer o processo, o método, enfim. E aí ele faz um material inadequado, gasta dinheiro com fotos e vídeos em que fica nítida a falta de entendimento de linguagem, de câmera, do mercado como um todo.

Um ator não é apenas um ator de televisão, ele é um artista. Ele pode fazer teatro, cinema, televisão, publicidade... Tudo isso tem uma linguagem específica, mas tudo pertence ao ator. A parte criativa do artista é sua formação, e disso eu não abro mão. É preciso estudar, saber ler o texto, trabalhar a imaginação. É como o Brecht falava lá atrás: tem que ler de tudo! E também acompanhar tudo, como recitais, balé, ópera, filmes de todos os gêneros. Não há por que limitar sua criação, sua imaginação, sua sensibilidade.

Para concluir, a parte mais linda do agenciamento é que ele me abriu tantas outras janelas, me inspirou para tantas outras coisas. Eu, que sempre acompanhei as produções nacionais de teatro e cinema, vejo de perto a quantidade de talentos que temos em todas as regiões do Brasil, e é a coisa mais linda do mundo. Cada um traz sua cultura, sua formação, seu profissionalismo. Então, esse meu "eu" artista se ampliou, sabe? Minha sensibilidade se aguçou muito mais. Tenho muito orgulho dessa trajetória, porque pude lançar muita gente, dar oportunidade para muita gente. Eu me lembro de que, quando jovem, perdi muitas oportunidades porque não tinha ninguém. Sou de outra geração, né? Eu me guiava pela intuição. Hoje existe planejamento artístico, existem pessoas, como a Ciça, que fazem esse trabalho lindo de direcionamento.

Há alguns anos, também comecei a dar aula e a escrever roteiro para o cinema, além de ter voltado a atuar, tudo isso conciliado com a agência. Está sendo um grande processo criativo para mim e para os meus alunos escrever, imaginar, se autodirigir, preparar cenário, figurino, maquiagem, luz. Estamos caminhando para um novo mundo, para novas linguagens e novas técnicas, e é lindo viver tudo isso.

Afinal, como entrar no mercado?

Quando o assunto é a tão aguardada entrada no mercado audiovisual e cênico, as dúvidas mais frequentes que recebo dizem respeito à construção do portfólio, à formação profissional e, é claro, à realização de testes.

Durante os atendimentos aos artistas, não raro chego à conclusão de que essas prioridades estão invertidas, principalmente por parte de atores e atrizes que acabaram de concluir a faculdade ou um curso profissionalizante. Isso porque, em qualquer profissão, decorre um tempo entre se formar e conseguir um trabalho, e durante esse período é importante que o jovem profissional busque estágios, trabalhos *freelancer* e até mesmo participações pequenas, às vezes não remuneradas, a fim de obter experiência na área, desenvolver inteligência emocional e incrementar o currículo. No geral, em qualquer mercado, as carreiras decolam após os 30 anos. Então, por que o ator precisa ter sucesso mais cedo?

É fácil compreender que, quando se é jovem, os profissionais estão cheios de gás e ansiosos para ganhar o jogo. Com o passar dos anos e alguma maturidade adquirida, no entanto, entende-se que o jogo é para ser jogado com calma. Ainda que não tenhamos, como em outras profissões, estágios oficiais ou uma grande oferta de trabalho, sempre digo em meus atendimentos que podemos buscar oportunidades diretamente com produtores e diretores que precisem de assistentes, por exemplo, ou nos oferecer para ajudar outros atores e atrizes a decorar textos, gravar *self-tapes*, preparar portfólios, enfim, tudo que nos aproxime da realidade do mercado em que desejamos nos inserir.

Vou compartilhar uma experiência pessoal que ilustra essa dinâmica. Quando eu estava fazendo o longa *Amarração do amor*, com direção de Caroline Fioratti, recebi a *self-tape* do João Cortês. Ele a havia gravado com um amigo, que fazia o outro personagem do diálogo. Nós adoramos o material do João, e ele conseguiu o papel que queria, mas também nos chamou a atenção o rapaz com quem ele havia contracenado, que nem sequer apareceu no vídeo, mas que tinha uma ótima leitura de texto. Dissemos isso ao João e, no dia seguinte, o ator Bruno Suzano, o rapaz no vídeo, nos procurou para dizer que gostaria de fazer o teste oficial. Nós concordamos e ele foi aprovado para o papel, que era de um personagem coadjuvante. Quando começamos os ensaios, porém, houve um imprevisto com o ator que faria o protagonista e ele teve que sair do filme. Em vez de pensarmos em chamar um novo ator, entendemos na hora que o Bruno era perfeito para o papel. De uma simples participação na *self-tape* de um amigo, então, ele se tornou protagonista do filme.

Na minha trajetória, vejo muitas pessoas na faixa dos 20 anos lamentando-se de que não há mais tempo para construir uma carreira sólida. Bem, é verdade que existem artistas que começaram a trabalhar cedo, quando crianças ou adolescentes, mas devemos ter em mente que essa é a história dessas pessoas e que elas não são a regra. Não podemos nos cobrar de sermos iguais aos outros, nem achar que só há uma forma de alcançar o sucesso. Cada um tem o próprio caminho, o próprio tempo, e é preciso entender as condições particulares da sua carreira para pensar nos seus primeiros passos. A forma como você se coloca e se apresenta no mercado é o que definirá seu futuro. Assim, se você é um ator ou uma atriz recém-formados, comece desde já a traçar estratégias para alcançar o que almeja. Organize seus pensamentos e seus desejos, mas também prepare seu currículo, suas fotos e seus vídeos.

Eliane Giardini, atriz e produtora

Minha carreira começou na escola de arte dramática. Eu acho que esse é sempre um bom começo, a escola. Acho superimportante, para quem está começando a vida profissional, frequentar uma escola de teatro, onde é possível estudar e interagir com um grupo que se reúne regularmente em função do aprendizado. No meu caso, foi uma experiência muito saudável, porque saímos da escola, após três anos de estudo, com um grupo formado. Era um grupo muito forte em São Paulo, que atuou durante muito tempo, chamado Pessoal do Victor.

Mais tarde, esse grupo foi contratado pela Universidade Estadual de Campinas, a Unicamp. O Celso Nunes, nosso professor de interpretação na escola de artes dramáticas, também era professor contratado da Unicamp. Aí, numa determinada época, a universidade resolveu criar uma escola de teatro, e o Celso Nunes levou nosso grupo, porque éramos vinculados a ele. Ficamos um bom tempo lá em Campinas, onde criamos a escola de teatro da Unicamp, que existe até hoje.

Eu sempre me mantive em função do teatro, nunca parei de fazer teatro. Mais tarde, o Paulo Betti, meu marido na época, foi contratado pela Rede Globo, e aí começou minha dificuldade de conseguir entrar na televisão. Era complicado. Eu fazia testes e não passava – estava sempre ouvindo que eu era "apenas a mulher do Paulo Betti" e lidando com certa má vontade das pessoas, que não me viam como uma atriz que estava ali, batalhando também. Para eles, eu era a esposa de um ator que tentava conseguir uma vaga para mim.

Essas questões sempre dificultaram minha carreira, mas eu continuei estudando muito, lendo muito, atuando e fazendo teatro. Também fiz muita análise e terapia, porque o autoconhecimento é importante.

Em certo momento, eu fui para o Rio de Janeiro, onde integrei um pequeno grupo de teatro do qual o Antonio Grassi também fazia parte. Juntos, fizemos as peças *Ação entre amigos* e *O amigo da onça*. Sempre fui muito ligada aos grupos de teatro, sempre achei essa dinâmica muito interessante. É importante manter uma frequência de atuação, e o teatro é mais simples de fazer; você precisa apenas de um grupo de pessoas e de um bom texto, e então vai se resolvendo ali, vai montando as peças, vai entrando em cartaz e treinando o ofício.

Minha estreia na televisão aconteceu de repente, quando o José Wilker foi contratado para criar um núcleo de dramaturgia na Rede Manchete. Nós já nos conhecíamos, e então ele me levou para fazer uma novela da Denise Saraceni e do Luiz Fernando Carvalho. Um pouco depois, quando esses diretores foram para a Globo, eles me levaram para lá.

O que acho importante é isso, o fato de você estar pronta para qualquer oportunidade, independentemente de ser "cedo" ou "tarde". No meu caso, aconteceu bem tarde. Eu tinha quase 40 anos quando fui fazer essa novela na Manchete, e lá fiz amizades e conheci gente com quem tinha muita afinidade artística. Desde então, não parei mais. Primeiro porque eu tinha uma vocação muito grande, e a vocação faz com que você persista, que não pense em desistir. Se eu não tivesse feito televisão, não teria desistido; estaria fazendo carreira no teatro, que era o que me realizava.

A construção do portfólio

Como vimos até aqui, ter um portfólio consistente e bem-feito é fundamental para se inserir no mercado. Ao elaborá-lo, é preciso pensar qual gênero e linguagem o atraem e direcionar seu material aos seus objetivos.

Um portfólio bem-feito inclui fotos que sejam fiéis a quem você é e uma lista dos trabalhos e cursos que já fez. Não há problema em não ter um currículo vasto; se você está começando agora, é natural que ainda não tenha participado de muitas produções. Nesse caso, busque fazer a diferença com a sua formação e incremente o portfólio com seus melhores cursos.

O currículo também diz muito da intenção do artista. Por isso, é essencial saber para quem você está enviando seu material e organizá-lo de acordo com as expectativas daquele trabalho, sempre destacando seu diferencial, sua experiência e sua vontade de atuar na área escolhida. Tenha em mente que nunca devemos enviar o mesmo material para todas as produções, pois os critérios que um diretor de elenco busca para uma obra de humor, por exemplo, não serão os mesmos para uma obra dramática. Tempo é tudo, e um portfólio sucinto, que vai direto ao ponto do trabalho que se deseja alcançar, vale muito mais do que uma vasta lista de trabalhos e cursos que não se relacionam à vaga.

Heloísa Périssé, atriz, autora e produtora

Eu acho muito importante o artista se produzir. Isso é uma coisa que eu fiz instintivamente na minha vida e que acabou sendo onde firmei minha rocha, ou seja, em mim mesma. Nesse mercado, não dá para ficar esperando um texto cair no teu colo, um convite surgir, alguém aparecer. Claro que, depois que você entra num *track* na sua vida – ou seja, depois que começa a ser reconhecido por quem produz –, essas coisas acabam surgindo, porque você começa a aparecer e aí as pessoas escrevem pra você, te procuram, te convidam.

Manter-se firme na sua crença, no que você quer fazer, na autonomia de traçar por qual caminho você quer conduzir a sua carreira, é fundamental. E isso você consegue, num primeiro momento, com foco e estudo para se manter sempre atualizado. Ou seja, é preciso ler, buscar, escrever e também não ter medo de errar, porque não somos perfeitos e, quando começamos a nos criticar muito, não saímos do lugar.

Muita coisa que a gente escreve hoje pode, daqui a três meses, ganhar outro sentido, e aí voltamos a esse texto e falamos "Nossa, como eu pude escrever isso?", ou "Nossa, como é bom isso que escrevi!". Então, o fato de eu sempre ter acreditado na autonomia da minha carreira me deu um destaque, porque fez de mim uma pessoa livre. Uma pessoa que escrevia, produzia, montava e convidava outras pessoas para participar dessa viagem comigo.

Quando eu e a Ingrid mostrávamos a ideia do *Cócegas*, nossa peça de esquetes que estreou em maio de 2001, as pessoas faltavam se ajoelhar dizendo "Gente, não montem isso, vocês vão ficar datadas!", ou "Não tem nada de original aqui: isso é Pedro Cardoso, isso é Felipe Pinheiro, isso é Miguel Falabella, isso é Guilherme Karan", e por aí vai. Passamos um ano tentando reescrever a peça em outro formato, mas não conseguimos. E aí, um mês antes de estrear, eu liguei para a Ingrid e falei: "Ingrid, é uma peça de esquetes, quem quiser ir, vai. Acabou". Resumo da ópera: a peça ficou dois meses em cartaz no Teatro Candido Mendes, e, se a gente não tivesse montado, nada do que aconteceu na nossa vida teria acontecido. Foi um momento muito lindo e muito especial.

Costumo brincar que o *Cócegas* é aquela lei matemática que diz "menos com menos dá mais", porque a peça tinha tudo para não ser nada e acabou sendo tudo! Mesmo sendo uma peça de esquetes, as coisas são cíclicas, então às vezes uma coisa que fez sucesso um tempo atrás de repente cai no óbvio e ninguém mais valoriza, até que de repente volta com tudo. Por isso, encorajo todas as pessoas na profissão de artista a buscarem sua autonomia, seu caminho, em vez de ficarem repetindo uma história ou apenas aceitando convites. É preciso estar sempre no controle do leme da sua carreira. Acho que isso é o mais importante.

Métodos de atuação e preparação de elenco

Outra grande mudança de paradigma no mercado diz respeito à formação e aos interesses dos artistas. Se antes os atores e atrizes construíam suas carreiras no teatro e, depois de um tempo, migravam naturalmente para a televisão, de uns anos para cá surgiu uma geração que já não se interessa tanto pelo teatro, e sim pelo audiovisual.

Essa abertura do mercado deu origem a uma grande procura por métodos de atuação para esses veículos, muitos deles importados dos Estados Unidos, uma grande referência em produção cinematográfica. Entre as escolas que praticam essas abordagens destacam-se o Stella Adler Studio of Acting, a Uta Hagen, o The Sanford Meisner Center, a Anthony Meindl's Actor Workshop e o Ivana Chubbuck Studio.

A atriz Stella Adler nasceu em Nova York, em 1901, e desde cedo se envolveu com artes cênicas, tornando-se umas das professoras de interpretação mais influentes do século XX. Profunda conhecedora de Constantin Stanislavski, desenvolveu uma abordagem única de interpretação baseada nos seguintes pontos-chave: a busca pela ação física; o corpo como instrumento; a imaginação como ponte para a emoção; a importância do contexto histórico e cultural; a arte da escuta e da reação; o poder da voz e da linguagem; o aprofundamento nas emoções através da memória afetiva; o domínio da presença de palco; o contato com o público; e a troca de energia.

Uta Hagen nasceu na Alemanha em 1919. Atriz e professora de teatro, é uma das vozes mais influentes do mundo na área. Sua técnica consiste nos seguintes pilares: estudo e dedicação; conexão com a vida real; importância da observação e da escuta; entendimento da intenção e dos objetivos da personagem; a voz como instrumento de criação; o corpo como veículo de expressão; análise minuciosa de roteiro e personagem; a relação entre espaço e ambiente; e a fusão entre ator e personagem.

Sanford Meisner nasceu em 1905, nos Estados Unidos. Além de professor, ator e diretor, foi um dos fundadores do Group Theatre, escola que mudou o treinamento de atores no século XX. Meisner acreditava que um ator não deveria ser manipulado ou impactado negativamente para ser capaz de atuar; ele visava a um trabalho sólido e orgânico, fundado firmemente no instinto e aprimorado a partir de uma série de exercícios que trabalham a improvisação, o acesso à vida emocional, a espontaneidade e a capacidade de imaginar situações, de lidar com as histórias e de vivê-las, em vez de apenas narrá-las.

Ivana Chubbuck nasceu nos Estados Unidos e é uma das mais influentes preparadoras de elenco de Hollywood.

É autora do livro *O poder do ator: a técnica Chubbuck em 12 etapas*, traduzido para mais de dezoito idiomas. Seu método visa auxiliar atores e atrizes na busca de uma interpretação autêntica por meio da expressão das emoções das personagens de forma convincente. A partir da identificação do que Ivana chama de "arcos emocionais", as doze etapas de seu método consistem em análise aprofundada do roteiro, identificação das motivações da personagem e criação de objetivos emocionais específicos. Atualmente, ela dirige uma escola de atuação em Los Angeles.

As produções de televisão e cinema começaram a perceber, então, o valor de se fazer um trabalho de preparação dos atores tanto antes das gravações quanto no *set*. No passado, esse preparo se resumia a leituras de roteiro e conversas individuais entre atores e diretores para definir o conceito e a caracterização dos personagens. Com o passar do tempo, entendeu-se que um profissional especializado poderia auxiliar os talentos a chegarem mais prontos ao *set*. Nasceu assim a função de preparador de elenco, hoje uma profissão que segue diferentes linhas de trabalho, cada uma com métodos e abordagens próprios.

A meu ver, os métodos de atuação devem servir como guias para os artistas, e não como um manual restrito de regras a serem seguidas. Para que o ator e a atriz não se prendam a uma maneira engessada de atuar, o ideal é que estudem e entendam como funcionam os métodos que os agradam, aplicando-os com liberdade em seus trabalhos.

Para escolher e desenvolver sua maneira de atuar, é preciso entender o que se deseja alcançar. O primeiro passo é expandir o conhecimento de cada método para então aplicar os preceitos que lhe agradam à sua maneira de trabalhar, e não se modelar por um único método. É claro que, se o artista se sente muito bem trabalhando com um só método, deve usá-lo, mas com liberdade.

O artista também não deve se culpar se não se adaptar a nenhuma dessas abordagens. Isso acontece mais do que se imagina, e trata-se apenas de uma questão de identificação. Mas vale destacar que, mesmo não havendo identificação com os métodos mais conhecidos, é preciso buscar estratégias que acrescentem à sua maneira de se preparar para cada trabalho. Muitos diretores escolhem não trabalhar com preparação de elenco, por exemplo, preferindo eles mesmos direcionarem o modo como cada talento executará determinado papel. É importante, então, que os artistas tenham as ferramentas necessárias para compreender a direção e aplicar sua própria identidade ao papel, criando um campo de troca fértil no *set*.

Até agora, falamos muito sobre a importância de estudar, mas outro cuidado que se deve ter é o de não cair em uma zona de conforto. Muitos atores e atrizes passam a carreira fazendo cursos, pulando de um *workshop* para outro, de uma especialização para outra. Essa movimentação dá a sensação de que estão se preparando para o mercado, imaginando que dali virão convites para testes e trabalhos. Embora isso até possa acontecer, não é o caminho mais usual. Afinal, se o artista não se coloca no mercado, se não se aventura, se não mostra seu poder de realizar, de criar, de viver um personagem e de contar uma história, ele não será lembrado como uma opção para receber propostas. Então, estudar é, sim, muito importante, mas se colocar no mercado é fundamental. Quem não trabalha não cria uma identidade artística, e, se o próprio artista não se vê como profissional, como os outros o verão?

No meu trabalho de assessoria, atendi uma atriz que disse sentir que estava fazendo algo produtivo por sua carreira ao frequentar aulas de um método de atuação ao qual ela se adaptou bem. Segundo ela, isso a alimentava e incentivava, pois não sentia que estava parada mesmo quando não tinha trabalho. Percebi nela certa "dependência" desse método; acredito, sim, que cursos podem ser muito produtivos para a formação do artista, mas não necessariamente para a carreira. Para fazermos algo por nossa carreira, é preciso ler, observar, praticar. A maioria dos grandes projetos do teatro e do cinema são inspirados em livros. Portanto, ler permite criar, ter *insights*, achar novas oportunidades de produção. Ler amplia o olhar.

Ana Kutner, atriz e preparadora de elenco

Sobre como se dá esse intercâmbio de ser atriz e preparadora de elenco, vou tentar explicar o inexplicável. Digo inexplicável porque simplesmente faço o que faço; não há separação. Pelo menos, não do lado de dentro.

Quando estou construindo um personagem com outro ator, ele também se constrói em mim, e é uma beleza ver se materializar no corpo de outro o que ele entende e intui de um personagem. São tantas as possibilidades de criação que, quando um ator se revela em cena, pode surpreender um diretor com abordagens que ele nem sequer imaginou a princípio, mas que contêm tudo o que sonhou. A partir daí, vem o voo, no qual o diretor leva esse novo personagem para passear no labirinto que é a história a ser contada. E eu me sinto levada junto.

O ator carrega um pouco de todos que construíram com ele aquela outra persona. Quando estou em cena, meu maior desejo é transmitir todos que estão comigo, todos que me provocaram a dar passagem para tanta gente. Um personagem é uma coisa pra lá de generosa, muito maior do que nós. Todo ator devia viver essa experiência de ser levado em outro corpo para passear pelo mundo.

Marcello Bosschar, preparador de elenco

Quando me perguntam quais técnicas de preparação costumo usar em meus trabalhos, sempre pauso por um segundo e vejo passar pela minha mente todos os grandes mestres com quem tive a chance de aprender e trabalhar. Cada ator é único, cada projeto possui uma linguagem única, e, para cada ator e cada projeto que me envolvo, abro portas específicas, vivências que ressoam com o que é pedido, técnicas que servem ao propósito e mesmo "não técnicas", quando tudo o que preciso é de um leve empurrão de encorajamento. "O que funciona" é o meu lema.

Tive a grande sorte de poder me aprofundar em caminhos que passam pelo teatro físico, pelas máscaras balinesas, pelo naturalismo de Antunes Filho, pelo expressionismo de Gerald Thomas, pelo método de Lee Strasberg, pela técnica de Ivana Chubbuck, pela yoga dos monges na Índia, pelos bufões, pela dança, enfim. Minhas referências são meus tesouros, e, para cada trabalho, preciso encontrar uma pedra preciosa que orne o ator, que o impulsione, que o provoque, que amplie sua visão de si mesmo ou destrua sua falsa sensação de acomodação.

Creio que o que mais adquiri em mais de trinta anos de profissão foi a coragem de chegar a um encontro sem "truques" baratos (a não ser que o truque barato seja o que mais funcione para o intérprete em questão, é claro). Não tenho apego por métodos, tenho respeito por eles. O que quero é encontrar a alma, a verdade dentro da mentira e a mentira dentro da verdade. Gosto da piscada de olho interna que um ator mantém, mesmo fazendo a maior tragédia. Gosto do ateliê mais que do manicômio quando o assunto é criação. Procuro o ator criador, a quem valorizo muito mais que o ator criativo. Procuro alimentar o criador que existe por trás da criatura. Gosto de não atrapalhar quando tudo está funcionando e entrar de sola quando nada funciona. Abraço os desafios e sigo de mãos dadas com quem trabalho, pela vida. Parcerias são eternas, mesmo que só durem o tempo de uma minissérie.

O que trocamos num processo de descobertas é precioso. Afinal, como dizia Stanislavski, atuar é ser íntimo em público. Vejo o ator como um ser humano profissional!

A hora dos testes

Os testes são, talvez, o momento mais aguardado e mais temido da vida do artista. É a partir deles que uma oportunidade pode se concretizar em trabalho, mas, ao mesmo tempo, são muitas as dúvidas sobre como conseguir um teste e o que fazer ao se apresentar.

Vale começar dizendo que, com as tecnologias que temos disponíveis hoje, muita coisa mudou. Quando os testes eram apenas presenciais, só conseguiam comparecer pessoas daquela região ou que tinham disponibilidade e condição financeira de estar ali por conta própria. Agora, com as *self-tapes*, houve uma democratização do processo, já que podemos testar atores e atrizes de qualquer lugar do país.

Como vimos no início deste capítulo, a primeira etapa para conseguir um teste é preparar seu portfólio e se cadastrar nas principais plataformas de talentos. Hoje, todas estão disponíveis on-line, inclusive as dos canais abertos de televisão. Mas não pare por aí: mais do que divulgar seu perfil on-line, é importante estar fisicamente em movimento no mercado da sua região, então procure se relacionar com quem já atua no meio e não deixe de frequentar teatros, cinemas, mostras, festivais e oficinas. As oportunidades são fruto das sementes que plantamos durante nossa vida profissional, e os testes são o retorno de um bom trabalho apresentado.

Ao ser chamado para um teste, é importante saber quem está por trás da seleção e o que se espera daquele papel. Pesquise a obra, o produtor, o diretor, o tipo de dramaturgia escolhida para o trabalho, enfim, busque o máximo de informação possível. Isso o ajudará a definir tanto como fazer sua *self-tape* quanto que texto escolher para apresentar. Lembre-se que informação e conhecimento sobre o mercado nos fazem trabalhar com mais confiança, e entender as particularidades dos olhares e das linguagens de cada trabalho fará com que você se apresente de maneira mais acertada em cada oportunidade.

Quando um artista se destaca, seu perfil cria raízes na memória dos produtores e diretores. Quando fui chamada para fazer o elenco do espetáculo *Tim Maia – Vale Tudo, o musical*, por exemplo, de cara pensei no Tiago Abravanel – com quem já havia trabalhado em *Hairspray* – para viver o personagem. No início, houve certa resistência da produção e direção, que buscavam um ator carioca – Tiago é paulista – e mais parecido com Tim Maia. Então, começamos as pesquisas e os testes pelo Brasil, primeiro com audições no Rio de Janeiro. Mas, ao chegarmos em São Paulo, incluí o Tiago no teste; quando acredito em uma escalação, batalho por ela. Ao abrir a porta para chamá-lo, dei de cara com o Tim Maia: Tiago estava vestido de Tim, sentado como Tim, respirando como Tim. Ele acreditava que o papel era dele e entrou no estúdio pronto para ganhar o personagem. Isso fez toda a diferença, e ele conseguiu o papel. A peça foi um sucesso, um divisor de águas na carreira do Tiago, lhe rendendo prêmios e projeção nacional.

Kiko Mascarenhas, ator e produtor

Comecei minha carreira no teatro, em 1984. Só entrei no audiovisual anos depois, em 1994, quando fiz meu primeiro trabalho na televisão. Nesse ano, o

Wolf Maya me viu numa peça de teatro e me convidou para fazer a novela *A viagem*. Logo depois, ainda em 1994, participei do *remake* de outra novela, *Irmãos Coragem*, a convite da Margareth Boury, que também me viu no teatro. Em 1997, o José Alvarenga Jr. me chamou para participar da minissérie *A justiceira*. Ele também me viu no teatro, numa peça em que eu fazia vários personagens, entre eles uma mãe, e acho que ali ele pensou: "Vou chamá-lo para interpretar uma travesti". Essa participação foi ao ar no 11º episódio, intitulado "Trem de prata", e foi ótimo. Posso dizer, então, que o teatro é, e acho que sempre será, a grande vitrine do ator.

Ao longo desses dez anos que eu não trabalhei no audiovisual, fiz muitos, muitos testes. E eu tinha horror a testes, porque só essa palavra já te ferra, né? O teste te coloca numa posição de competição, de disputa, de obrigação de mostrar que você tem o perfil, e você às vezes nem sabe qual é o perfil, porque o perfil está sempre mudando. Era muito angustiante esse processo de teste, mas eu aprendi, ao longo do tempo, que também é algo indispensável, porque os testes te preparam para trabalhos futuros importantes. Então, enquanto eu fazia um teste para um comercial de trinta segundos, por exemplo, também me preparava para testes de filmes de duas horas de duração, ou de novelas que ficariam no ar por dez meses. Ou seja, você tem que fazer testes para aprender a fazer testes, para entender o que você precisa para cada trabalho, para entender o que esperam de você.

Mas voltando ao momento das filmagens de *A justiceira*, eu lembro que a gente estava gravando na Tycoon, um estúdio da Globo fora do Projac, que também era onde estava sendo gravado *Malhação*. Na hora do almoço, saí para comer completamente montado, porque não tinha como tirar todo aquele figurino só para ir almoçar. Foi aí que encontrei o Flávio Colatrello. Ele era o diretor de *Malhação* na época e também era muito meu amigo, tínhamos feito peças juntos e tal. Ele me viu e me chamou para uma participação em *Malhação*, na qual eu fiz uma travesti.

Pouco depois, o Zé Alvarenga me chamou para fazer outra travesti em um episódio do programa *Você decide*. Foi aí que eu comecei a entender que, quando um diretor de elenco percebe que você faz um papel bem-feito, ele vai apostar em você para papéis similares. Isso não significa que ele não te ache capaz de fazer outras coisas, mas ele vai dar o tiro certo, ele vai apostar na certeza. Então acredito que, de alguma forma, recebi muitos papéis como esse por conta de fazê-los bem.

Eu não tinha nenhuma questão sobre fazer um personagem LGBTQIAP+, mas a partir de um momento comecei a achar que isso estava me limitando, porque eu não conseguia furar essa bolha. Era como se eu tivesse ficado aprisionado em um só tipo de personagem. Então, quando comecei a negar esses papéis, foi um momento muito difícil pra mim, porque eu tinha que pagar contas, óbvio, e estava sempre apertado de grana, como a maioria dos atores. Mas eu tive essa coragem de negar, e até mesmo de ligar para algumas pessoas com quem eu tinha mais intimidade, como a Ciça Castello, para dizer: "Olha, eu queria outras oportunidades, queria tentar papéis diferentes". E quem me deu a primeiríssima oportunidade de quebrar isso dentro da televisão foi o Zé Alvarenga. Eu cruzei com o Zé um dia e pedi isso pra ele, e ele me ouviu. Quer dizer, ele ainda me escalou mais uma vez para um personagem gay, mas falou: "Esse é o último, eu prometo! Da próxima vez, vou te arrumar um papel bem machão! [risos]". A partir daí, tive a colaboração dos diretores de elenco, dos diretores, de todo mundo para apostar em outros registros. E então os personagens começaram a mudar e eu comecei também a mostrar mais coisas diferentes, outras facetas. Foi uma tentativa de versatilidade, e deu certo! Paralelamente, continuei fazendo teatro, e o teatro continuou sendo uma vitrine para mostrar que eu tinha uma bagagem mais extensa como ator.

Todo ator tem o sonho de só escolher projetos incríveis, de desenhar sua carreira de maneira exemplar, mas esse é um processo muito difícil. E eu sou prova disso, porque já fiz de tudo e continuo fazendo. Para mim, é muito difícil dizer não para um projeto. Eu abri uma produtora justamente para dizer não, para realmente escolher o que quero fazer, falar, dizer, me envolver, sem ter que ficar esperando pelo convite perfeito, o convite que me coloque no lugar que eu gostaria de estar. Fui eu que acabei me produzindo para ocupar o lugar que eu queria.

Ninguém chega aonde eu cheguei sozinho, não mesmo. Não tem como. Uma carreira é construída com uma multidão. O trabalho de orientação profissional que a Ciça faz, por exemplo, eu acho uma coisa bem linda! Ser orientadora, nessa profissão, é algo muito bacana. Nós, atores, estamos sempre muito soltos, sem saber para quem correr. Mas, quando se tem alguém inserido nesse meio para nos auxiliar, alguém que já passou por teatro, cinema, televisão, que conhece todos os mercados, os caminhos se iluminam.

Conselhos e dicas para o dia a dia da carreira

Como vimos ao longo deste livro, cada carreira é única, e o crescimento profissional depende dos interesses e ambições de cada indivíduo. Quando chegamos a um ponto em que nos sentimos estagnados ou desmotivados, é importante buscar entender nossas próprias questões para conseguir agir sobre elas.

Neste capítulo, listei alguns conselhos e dicas práticas para ajudar você a se conhecer melhor, lidar com os desafios do dia a dia da carreira artística e ganhar confiança para se movimentar no mercado, fazendo com que seu trabalho alcance e seja reconhecido por mais pessoas.

Entendendo sua persona artística

- Uma carreira promissora no audiovisual começa com o entendimento da sua persona artística. Ao decidir trilhar esse caminho, busque identificar seus talentos e como utilizá-los; o autoconhecimento ajudará você a identificar em quais áreas pode se destacar.
- Procure identificar, também, suas fragilidades e dificuldades. Dessa forma, você verá com mais clareza o que precisa trabalhar internamente e poderá lidar com desafios com assertividade.

- Mantenha-se atualizado sobre o que está sendo feito no mercado e pesquise as obras com as quais você se identifica, incluindo o gênero das produções e a ficha técnica. Ter boas referências de obras e artistas que inspiram você é fundamental para desenvolver uma identidade sólida e embasada.
- Avalie constantemente sua formação e fique de olho em novas oportunidades para aprimorar seus conhecimentos e sua técnica. O audiovisual é um mercado dinâmico, em constante mudança, e para acompanhá-lo é muito importante se atualizar.

Formação

- Como em qualquer profissão, um artista nunca deve parar de estudar. Não se trata de fazer um curso atrás do outro – cuidado para não se tornar um estudante profissional –, e sim de investir em uma formação diária. Artistas precisam ler, ir ao cinema e ao teatro, assistir a séries e programas de TV. Precisam observar, ser curiosos, ampliar suas habilidades. Artistas precisam ter referência.
- Se você está estudando, foque nos estudos. Não se cobre começar a trabalhar imediatamente, antes de se formar. Em outras profissões, raramente se trabalha sem completar a formação, então não se imponha essa pressão apenas por ser artista.
- Se você acabou de se formar, vá com calma. Currículos são construídos com tempo e experiência. Não sabe por onde começar? Pense no

que motivou você a se tornar ator ou atriz e a batalhar pela sua carreira. Isso lhe dará um bom norte para traçar os primeiros passos.
- Está começando a trabalhar agora, fazendo testes, pegando pequenos papéis aqui e ali? Tenha em mente que experiência é muito importante, mas, ao receber uma proposta, não deixe de se perguntar se o trabalho contribui para a imagem que você está buscando estabelecer. Para construir sua presença profissional, atores e atrizes devem se questionar e fazer escolhas o tempo todo.
- Para quem já está atuando no mercado, é importante revalidar seu compromisso com a carreira e entender em que ponto você realmente está. Pare e avalie se o que você vem fazendo está te aproximando ou afastando do seu real interesse. Entender o que você quer e o que não quer, por exemplo, já é um bom começo.

Material

- Ao se cadastrar para um trabalho, envie fotos nítidas e que sejam fiéis a você. O diretor de elenco precisa ver não apenas suas habilidades de atuação, mas também como você é fisicamente. Portanto, não opte por produções que mudem muito a sua aparência e tenha cuidado com excesso de maquiagem e de edição de imagem.
- Tenha sempre um currículo completo e atualizado, mas lembre-se: qualidade é melhor que quantidade. Não é necessário colocar todas as

dezenas de *workshops* que você fez; em vez disso, selecione os mais expressivos para cada trabalho.
- Não se esqueça de informar seus contatos, incluindo telefone, e-mail e, se solicitado, suas redes sociais.
- Ao preencher suas informações pessoais, informe sempre a data de nascimento, e não a idade. Essa dica é importante por dois motivos:
  - Em primeiro lugar, se ao abrir o currículo o diretor de elenco dá de cara com a sua idade, ele irá enxergá-lo com aquela idade. Por outro lado, se você informa a data de nascimento, é possível que ele não faça a conta imediatamente e considere a idade que você fotografa, permitindo que interprete personagens mais jovens ou mais velhos.
  - Segundo, seu currículo não perde a validade, não sendo necessário atualizá-lo com tanta frequência.
- Caso opte por se cadastrar em plataformas on-line, mantenha-as sempre atualizadas com seus trabalhos mais consistentes.
- Ao abordar produtores(as) e diretores(as) de elenco, tenha cuidado para não o fazer fora de hora ou sem contexto. Mas, se tiver uma boa oportunidade, não a perca de vista. Seja ousado, mas não abusado.
- Lembre-se de que seu material é o meio como você comunica o que busca para a sua persona artística, então elabore-o com muito carinho e atenção.

Testes

- Ao ser chamado para um teste, tenha sempre o máximo de informações sobre o papel e a obra.
- Chegue completamente preparado para o teste, com o texto bem decorado.
- Se não houver orientações específicas sobre figurino, opte por roupas básicas, que se adequem a diferentes contextos. Fuja de peças muito estampadas ou "da moda", que podem ficar datadas ou fugir da proposta da produção.
- Sobre maquiagem, opte sempre pela mais básica, a não ser que seja pedido algo específico.
- Seja pontual, chegue pelo menos 30 minutos antes do horário marcado para conseguir relaxar e se concentrar. É preciso estar pronto para o momento de gravar; caso contrário, se demorar a entrar no clima do teste, talvez seja tarde demais.
- Uma vez no estúdio, seja simpático e acessível, mas sem exageros. Deixe que os profissionais ali presentes lhe deem uma noção do ambiente.
- Ao começar o teste, busque mostrar seu próprio jeito de atuar, mas sem limitar muito, pois pode acontecer de o diretor pedir algo diferente do que você pensou. Artistas devem estar sempre abertos para mudar o caminho, então atente-se aos direcionamentos da produção e da direção.
- Se não estiver preparado para o teste, sem o texto decorado, meu conselho é: não vá. Afinal, pior do que não ser visto é ser visto da maneira errada.

- Caso desista, avise com antecedência, não deixe ninguém esperando. Se marcaram o teste, é porque estão contando com você, e desculpas em cima da hora não caem bem.
- Vale lembrar que testes presenciais são cada vez mais raros. Se você foi chamado para um, valorize essa oportunidade de se apresentar pessoalmente e prepare-se bem para mostrar um bom trabalho.

Self-tape

- A *self-tape* é, hoje, a maneira mais usual de selecionar talentos para testes. Tenha atenção a todas as especificações técnicas para a realização da cena, como a posição da câmera ou do celular, a distância entre você e a câmera, o enquadramento e a iluminação (sempre que possível, use uma luz natural).
- Não se prenda a padrões; se não houver orientações específicas, use a imaginação, não tenha medo de propor ideias. Na dúvida, faça uma versão mais sóbria e outra mais descontraída, que ressalte sua persona artística.
- Figurino e maquiagem devem seguir as mesmas regras dos testes.
- Respeite os prazos e não atrase para enviar o material.

Trabalho prático

- Foi escalado para um trabalho? Então seja profissional, ponto!

- Sua postura e sua maneira de se comunicar formam sua imagem profissional, então seja disponível, educado e pontual.
- Não entre no *set* sem ter decorado seu texto.
- Mesmo quando não estiver gravando, observe os colegas, procure entender o ambiente, se familiarize.
- No *set*, esteja sempre atento, concentrado e com a escuta ativa para o que produtores e diretores têm a dizer.
- Por fim, seja você mesmo! Se achar que tem algo a contribuir, proponha suas ideias, mas saiba a hora de fazer isso.

Agradecimentos

> *O teatro é uma estrada que não acaba, que não tem fim. E os artistas do teatro são como uma caravana atravessando essa estrada. À medida que a percorre, muita gente tenta subir nessa caravana e muita gente se despede. Com uma mão se ajuda quem está chegando e, com a outra, se acena a quem está se despedindo.*
>
> Kiko Mascarenhas sobre a fábula que Augusto Boal, ao voltar do exílio, contou durante um ensaio para a peça *O encontro marcado*.

Dedico este livro à minha sobrinha Maria Castello, hoje formada na Escola Célia Helena de Artes e Educação, que está dando seus primeiros passos na construção da carreira.

Um obrigada todo especial, também, a Kiko Mascarenhas, Daniel de Oliveira, Marcelo Laham, Heloísa Périssé, Selton Mello, Ana Kutner, Marcello Bosschar, Vladimir Brichta, Larissa Manoela, Gregório Duvivier, Eliane Giardini, Antonio Grassi, Vânia de Brito, Ingrid Guimarães, Breno Silveira (*in memoriam*), Mariana Ximenes, Inês Peixoto e Tainá Müller, que dividiram suas histórias e seus olhares sobre a carreira de um artista, e a todos os demais que estiveram comigo ao longo do caminho. Sem vocês, eu não estaria aqui hoje.

Referências

ADLER, Stella. *Técnica de representação teatral*. São Paulo: Civilização Brasileira, 2002.

CHUBBUCK, Ivana. *O poder do ator: a técnica Chubbuck em 12 etapas – Do roteiro à interpretação viva, real e dinâmica*. Rio de Janeiro: Civilização Brasileira, 2018.

FO, Dario. *Manual mínimo do ator*. São Paulo: Senac, 1998.

HAGEMEYER, Rafael R. *História & Audiovisual*. Belo Horizonte: Autêntica, 2012.

HAGEN, Uta. *Técnica para o ator – A arte da interpretação ética*. São Paulo: Martins Fontes, 2019.

MEISNER, Sanford; LONGWELL, Dennis. *Sanford Meisner on Acting*. Nova York: Vintage Books, 1987.

RODRIGUES, Virgínia J. S. *Direção, atuação e preparação de elenco: os processos de criação de atores e atrizes no cinema brasileiro*. Rio de Janeiro: Mórula Editorial, 2022.

STANISLAVSKI, Constantin. *A preparação do ator*. Rio de Janeiro: Civilização Brasileira, 1994.

TAERO, João. *Preparação de atores na ficção televisiva brasileira*. Curitiba: Appris, 2018.

Este livro foi composto com tipografia Adobe Garamond Pro
e impresso em papel Off-White 80 g/m² na Formato Artes Gráficas.